Bergen-Belsen. Historischer Ort und Gedenkstätte

Gedenkstätte
Bergen-Belsen

Stiftung
niedersächsische
Gedenkstätten

Luftaufnahmen von 1944 (schwarzweiß) eingearbeitet in Aufnahmen der Landschaft von 2001 und 2003 (farbig). • Aerial Reconnaissance Archives, Edinburgh (Großbritannien); LGN – Landesvermessung und Geobasisinformation Niedersachsen; Luftbildentzerrung und Montage: HafenCity Universität Hamburg, Department Geomatik

Vorwort

Bergen-Belsen ist seit 1945 ein internationaler Erinnerungsort. Mahnmale aus der Nachkriegszeit erinnern an die mehr als 70 000 Menschen, die hier zwischen 1941 und 1945 umkamen. Ausstellungen aus den Jahren 1966 und 1990 informierten über das Lager Bergen-Belsen.

Doch erst in den beiden vergangenen Jahrzehnten konnte die vielschichtige Geschichte dieses Ortes als Kriegsgefangenenlager, Konzentrationslager und Displaced Persons Camp detailliert untersucht werden. Die Ergebnisse werden seit 2007 in der Dauerausstellung des neu errichteten Dokumentationszentrums präsentiert. Gleichzeitig werden die räumliche Ordnung des ehemaligen Lagers und die wenigen erhaltenen baulichen Überreste behutsam sichtbar gemacht und erläutert.

In einem direkten historischen Zusammenhang mit dem Ort Bergen-Belsen stehen die Kriegsgefangenenfriedhöfe Bergen-Belsen (Hörsten), Oerbke und Wietzendorf sowie der Komplex der Hohne-Kaserne bei Belsen, wo sich von 1945 bis 1950 das Displaced Persons Camp befand.

Bergen-Belsen ist heute ein Ort des Gedenkens, ein Ort des Sammelns, Bewahrens und Forschens sowie ein Ort des Lernens und der Reflexion. Neben mehr als einer Viertelmillion Einzelbesuchern werden jährlich über 1 000 Gruppen durch mehrstündige Führungen, durch Studientage und im Rahmen von Projekten betreut.

Dieser Wegweiser stellt in kompakter Form die Geschichte Bergen-Belsens, die historischen Orte und die heutige Gedenkstätte vor.

Chronologie Bergen-Belsen

Juni 1940
Die Wehrmacht nutzt ein bereits bestehendes Barackenlager, etwa zwei Kilometer südlich des Truppenlagers Belsen, zur Unterbringung von 600 französischen und belgischen Kriegsgefangenen.

Mai/Juni 1941
Ausbau des Lagers zu einem Mannschafts-Stammlager und Lazarett für sowjetische Kriegsgefangene – Stalag XI C (311) Bergen-Belsen.

Juli 1941
Ankunft des ersten Transportes mit 2 000 sowjetischen Kriegsgefangenen. Bis zum Herbst werden mehr als 21 000 Gefangene aus der Sowjetunion eingeliefert. Da kaum Unterkunftsbaracken fertiggestellt sind, müssen sie auf freiem Feld, in Erdhöhlen und Laubhütten leben.

ab August 1941
Ein Einsatzkommando der Gestapo führt „Aussonderungen" unter den Kriegsgefangenen durch. Mindestens 500 Juden und politische Funktionäre werden in das KZ Sachsenhausen transportiert und dort ermordet.

Anfang April 1942
Im Zeitraum von Juli 1941 bis April 1942 sterben 14 000 sowjetische Kriegsgefangene vor allem an Hunger, Seuchen und Kälte.

April 1943
Die Wehrmacht tritt den südlichen Teil des Lagergeländes an die SS ab, die dort ein „Austauschlager" einrichtet. Hier sollen jüdische Häftlinge als Geiseln festgehalten werden, um sie gegen im Ausland internierte Deutsche austauschen zu können. Das Austauschlager ist Teil des nationalsozialistischen KZ-Systems.
Das Kriegsgefangenenlazarett im nördlichen Teil des Lagergeländes bleibt unter Leitung der Wehrmacht bestehen.

Juni 1943
Auflösung des Stalag XI C (311). Das Lazarett für Kriegsgefangene wird zu einem Zweiglager des Stalag XI B Fallingbostel.

Juli 1943
Transport von mehr als 2 300 polnischen Juden in das Austauschlager des KZ Bergen-Belsen. Insgesamt werden bis Ende 1944 mindestens 14 600 Juden dorthin transportiert, die meisten aus Ungarn und den Niederlanden.

Oktober 1943
Etwa 1 800 polnische Juden werden von Bergen-Belsen nach Auschwitz-Birkenau transportiert und dort direkt nach der Ankunft ermordet.

ab März 1944
Im KZ Bergen-Belsen wird ein neuer Lagerteil eingerichtet. In dieses Männerlager transportiert die SS Tausende kranke und arbeitsunfähige Häftlinge aus anderen Konzentrationslagern.

Ende Juni 1944
Ein Transport mit 222 Juden verlässt das Austauschlager des KZ Bergen-Belsen in Richtung Palästina. Insgesamt gelangen bis April 1945 etwa 2 560 Austauschhäftlinge in die Freiheit.

Ende Juli 1944
Verlegung des Lazaretts für italienische Militärinternierte mit 500 zumeist Tuberkulosekranken aus Fallingbostel-Oerbke in das Kriegsgefangenenlager Bergen-Belsen.

ab August 1944
Einrichtung eines neuen Lagerabschnitts für weibliche Häftlinge im KZ Bergen-Belsen. Ankunft von Tausenden Frauen, vor allem aus dem KZ Auschwitz. Weitertransport der meisten Frauen zum Arbeitseinsatz in andere Konzentrationslager sowie in drei Außenlager des KZ Bergen-Belsen.

Oktober/November 1944
Nach der Niederschlagung des Warschauer Aufstandes werden 1 000 Soldatinnen und Offiziere der polnischen Heimatarmee als Kriegsgefangene nach Bergen-Belsen gebracht.
Mehrere tausend Zivilisten aus dem Warschauer Aufstand – Frauen und Kinder – sind bereits seit August in das Frauenlager des KZ Bergen-Belsen transportiert worden.

Dezember 1944
Der ehemalige Kommandant des Vernichtungslagers Auschwitz-Birkenau, SS-Hauptsturmführer Josef Kramer, wird neuer Lagerkommandant des KZ.

ab Dezember 1944
Im Rahmen der Räumung frontnaher Konzentrationslager werden bis Mitte April 1945 mindestens 85 000 Häftlinge nach Bergen-Belsen transportiert.

Januar 1945
Auflösung des Kriegsgefangenenlagers Bergen-Belsen. Die Gefangenen sind zuvor in andere Kriegsgefangenenlager verlegt worden.

Anfang April 1945
Drei Zugtransporte mit etwa 6 700 Häftlingen des Austauschlagers verlassen Bergen-Belsen vermutlich mit dem Ziel Ghetto Theresienstadt.

Mehr als 15 000 Häftlinge aus dem KZ Mittelbau-Dora und dessen Außenlagern werden in der nahe gelegenen Wehrmachtskaserne untergebracht.

15. April 1945
Britische Truppen befreien etwa 53 000 Häftlinge des KZ Bergen-Belsen. Im Konzentrationslager Bergen-Belsen und durch die unmittelbaren Folgen der Haft kamen von 1943 bis 1945 mindestens 52 000 Frauen, Männer und Kinder um. Im Kriegsgefangenenlager Bergen-Belsen starben von 1940 bis 1945 mindestens 19 700 Menschen.

April/Mai 1945
Bestattung von mehr als 20 000 Opfern des KZ Bergen-Belsen in Massengräbern. Überführung von knapp 29 000 Überlebenden aus dem Konzentrationslager in ein von den Briten eingerichtetes Nothospital in der ehemaligen Wehrmachtskaserne. Die Überlebenden erhalten den Status von „Displaced Persons" (DP).
Die Briten brennen die meisten Holzbaracken auf dem ehemaligen Lagergelände zur Seuchenabwehr ab.

Juni bis Oktober 1945
Das Nothospital wird zum Displaced Persons Camp. Aufteilung in ein polnisches und ein jüdisches DP-Camp.

September bis November 1945
Erster Belsen-Prozess in Lüneburg vor einem britischen Militärtribunal.

September 1945
Der erste Kongress der befreiten Juden in der britischen Zone findet im DP-Camp Bergen-Belsen statt.

Oktober 1945
Der Kommandeur der britischen Militärregierung ordnet die Planung eines angemessenen Gedenkortes auf dem ehemaligen Lagergelände an.

bis Herbst 1945
Repatriierung der meisten Displaced Persons aus Nord-, West- und Südeuropa in ihre Heimatländer. Zwangsrückführung der sowjetischen Überlebenden.

November 1945
Polnische Überlebende weihen ein großes Holzkreuz auf dem Gelände des ehemaligen Konzentrationslagers zum Gedenken an die Opfer ein.
Errichtung eines Ehrenmals auf dem Kriegsgefangenenfriedhof Bergen-Belsen auf Anordnung der sowjetischen Militärmission.

Anfang März 1946
Die United Nations Relief & Rehabilitation Administration (UNRRA) übernimmt die Verwaltung des DP-Camps von der britischen Armee.

April 1946
Jüdische Überlebende enthüllen auf dem Gelände des ehemaligen Konzentrationslagers ein Mahnmal zum Gedenken an die jüdischen Opfer.

Juni bis September 1946
Verlegung der polnischen Displaced Persons und Auflösung des polnischen DP-Camps. Bergen-Belsen wird zum größten jüdischen DP-Camp im Nachkriegsdeutschland.

1946 bis 1952
Umgestaltung eines Teils des früheren Lagergeländes zu einer Gedenkstätte. Bau eines internationalen Mahnmals.

ab 1948
Mit Gründung des Staates Israel und Erleichterung der Einreisebestimmungen in die USA und andere Länder können die meisten jüdischen DPs auswandern.

Gedenkstätte Bergen-Belsen. Gedenkstein am Eingang zum Friedhof, 2000
• Stiftung niedersächsische Gedenkstätten/Gedenkstätte Bergen-Belsen

Mai bis Juli 1950
Auflösung des DP-Camps Bergen-Belsen und Verlegung der verbliebenen Bewohner nach Upjever.

November 1952
Einweihung der Gedenkstätte Bergen-Belsen.

1960/61
Umfangreiche landschaftliche Umgestaltung des Gedenkstättengeländes.

1964 bis 1968
Umfassende Umgestaltung des Kriegsgefangenenfriedhofs Bergen-Belsen.

April 1966
Ein erstes Dokumentenhaus mit einer Ausstellung zur Geschichte des KZ Bergen-Belsen wird eröffnet.

April 1990
Eröffnung einer neuen Dauerausstellung im erweiterten Dokumentenhaus der Gedenkstätte Bergen-Belsen.

Oktober 2007
Eröffnung des neuen Dokumentationszentrums der Gedenkstätte Bergen-Belsen mit einer Dauerausstellung zu den Kriegsgefangenenlagern in der Lüneburger Heide, dem Konzentrationslager Bergen-Belsen und dem Displaced Persons Camp.

Sowjetische Kriegsgefangene im Stalag X D (310) Wietzendorf, 1941 • Staatsarchiv Hamburg

Geschichte

Kriegsgefangenenlager in der Lüneburger Heide: Bergen-Belsen, Fallingbostel, Oerbke und Wietzendorf

Die Kriegsgefangenenlager in der Lüneburger Heide waren Teil eines riesigen Lagersystems der deutschen Wehrmacht mit mehr als 100 Stammlagern sowie Tausenden von Arbeitskommandos und Baubataillonen. In allen von Deutschland besetzten Ländern Europas wurden Millionen Kriegsgefangene unter Bewachung von Wehrmachtsoldaten und Hilfstruppen in der deutschen Kriegswirtschaft und für die Wehrmacht zur Arbeit eingesetzt.

Truppenübungsplatz Bergen

Im Zuge der nationalsozialistischen Kriegsvorbereitungen richtete die Wehrmacht 1935 zur Ausbildung von Panzertruppen in der Lüneburger Heide den Truppenübungsplatz Bergen ein. Am West- und Ostrand des ausgedehnten Geländes entstanden große Kasernenkomplexe zur Unterbringung von jeweils etwa 15 000 Soldaten. Für den Bau dieser Truppenlager wurden Tausende Bauarbeiter benötigt, die in eigens errichteten Barackenlagern in der Nähe der Orte Fallingbostel und Belsen untergebracht wurden.

In den etwa 30 Baracken des „Heeresneubaulagers Bergen-Belsen" fanden bis zu 3 000 Arbeiter Platz. Nach Fertigstellung der Truppenlager in Belsen und Fallingbostel 1938/39 standen die Unterkünfte weitgehend leer; einige wurden als Magazine genutzt, andere abgebaut.

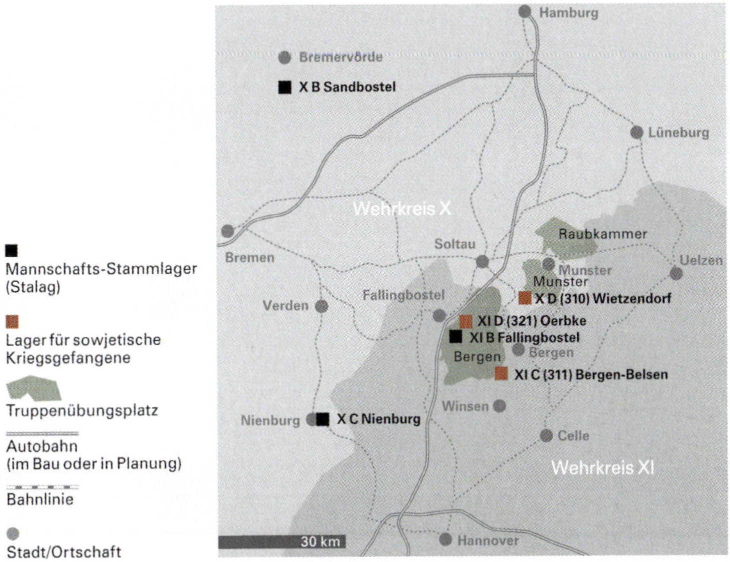

Kriegsgefangenenlager in der Lüneburger Heide, 1941
• Grafik Weidner Händle, Stuttgart

Stalag XI B Fallingbostel

Kurz vor dem deutschen Überfall auf Polen im September 1939 wurde das Barackenlager bei Fallingbostel zum Standort des Kriegsgefangenen-Mannschafts-Stammlagers (Stalag) XI B bestimmt. Im Oktober 1939 trafen hier die ersten Transporte mit polnischen Kriegsgefangenen ein. Im Sommer 1940 folgten belgische und französische Gefangene. Das Stalag XI B Fallingbostel war eines der größten Kriegsgefangenenlager der Wehrmacht mit zeitweise 95 000 Gefangenen verschiedener Nationalitäten. Die meisten von ihnen waren auf mehr als 2000 Arbeitskommandos im Gebiet des Wehrkreises XI verteilt. Im Lager Fallingbostel selbst befanden sich lediglich einige Tausend Gefangene, die in der Verwaltung und in den Arbeitskommandos im Lager oder in der Nähe eingesetzt waren. Außerdem verfügte das Stalag XI B über ein Lazarett mit 800 Betten.

Eines der Arbeitskommandos des Stalag XI B wurde im Juni 1940 im ehemaligen Bauarbeiterlager Bergen-Belsen untergebracht. Die 600 belgischen und französischen Kriegsgefangenen wurden zu Arbeiten für die Wehrmacht beispielsweise im Truppenlager Belsen oder in der Heeres-Munitionsanstalt Hörsten herangezogen.

„Russenlager": Bergen-Belsen, Oerbke, Wietzendorf

Im Zusammenhang mit dem Vernichtungsfeldzug gegen die Sowjetunion wurde das Lager Bergen-Belsen ab Juni 1941 in ein eigenständiges Stalag umgewandelt, das zur Aufnahme von 20 000 sowjetischen Kriegsgefangenen dienen sollte. In der Fläche erheblich vergrößert, erhielt das Lager die Bezeichnung XI C (311). Im Hauptlager war die Errichtung von 24 großen Unterkunftsgebäuden geplant. In den bereits vorhandenen Baracken wurde ein Lazarett eingerichtet.

Oerbke: Zum Schutz vor der Witterung mussten die Gefangenen sich Verschläge bauen, Sommer 1941 • Privatbesitz

In der näheren Umgebung entstanden gleichzeitig zwei weitere dieser so genannten „Russenlager“: das Stalag XI D (321) Oerbke in unmittelbarer Nachbarschaft des Stalag XI B Fallingbostel und das Stalag X D (310) Wietzendorf auf dem Truppenübungsplatz Munster.

Insgesamt richtete die Wehrmacht auf dem Gebiet des Deutschen Reichs zwölf „Russenlager“ ein. Die sowjetischen Soldaten sollten streng von den anderen Kriegsgefangenen getrennt untergebracht werden. Die Wehrmacht verweigerte ihnen vorsätzlich eine Behandlung und Versorgung nach den Bestimmungen der internationalen Genfer Konvention von 1929.

Nach den Vorstellungen der NS-Führung sollten ursprünglich keine sowjetischen Gefangenen nach Deutschland geholt werden. Man betrachtete sie vor allem als „gefährliche Bolschewisten“ und „unnütze Esser“, an deren Überleben kein Interesse bestand. Allerdings berechneten im Sommer 1941 die Arbeitsbehörden selbst bei günstigem Kriegsverlauf einen erheblichen Arbeitskräftebedarf in der deutschen Kriegswirtschaft. Daher wurden von den drei Millionen sowjetischen Soldaten, die bis Jahresende 1941 in Gefangenschaft geraten waren, etwa 500 000 zum Arbeitseinsatz nach Deutschland gebracht. Ab Mitte Juli trafen auf den Bahnhöfen in der Lüneburger Heide Transporte mit 91 000 sowjetischen Kriegsgefangenen in Vieh- oder Güterwaggons ein. Wietzendorf nahm 45 000 Gefangene auf, Oerbke 23 000 und Bergen-Belsen 21 000. Im November 1941 traf auch im Stalag XI B Fallingbostel ein Transport mit 2 000 Soldaten ein.

Arbeitseinsatz und „Aussonderung“

Ab August 1941 richteten die Stalags Bergen-Belsen, Oerbke und Wietzendorf im Umkreis von bis zu 200 Kilometern mehr als 500 Arbeitskommandos ein. Am 1. November 1941 waren bereits 46 000

Sowjetische Kriegsgefangene eines Arbeitskommandos beim Bau der Umgehungsstraße in Oldenburg, ca. 1941/42, Fotograf Ernst Ganzior • Sammlung Günter Heuzeroth, Oldenburg

Oerbke: In einem eingezäunten „Sonderpferch" wurden „ausgesonderte" Gefangene vor ihrem Transport nach Sachsenhausen untergebracht , 1941 • Niedersächsisches Landesarchiv – Hauptstaatsarchiv Hannover

Gefangene im Einsatz, zumeist bei körperlich schweren Arbeiten, beispielsweise in Steinbrüchen, auf Großbaustellen und Flugplätzen, bei der Kultivierung von Feuchtgebieten oder beim Gleis- und Straßenbau.

Das Oberkommando der Wehrmacht und das Reichssicherheitshauptamt hatten vereinbart, so genannte „untragbare Elemente" unter den sowjetischen Kriegsgefangenen „auszusondern", bevor diese in den Arbeitseinsatz gelangen konnten. Dazu zählten vor allem Juden und kommunistische Funktionäre. Ab August 1941 führten Gestapo-Beamte aus Hamburg in den Lagern in der Lüneburger Heide Selektionen durch – unterstützt von den Lagerverwaltungen und von Denunzianten unter den Gefangenen. Die Ausgesonderten wurden regelmäßig in das KZ Sachsenhausen transportiert und dort von der SS erschossen. Von 13 000 sowjetischen Kriegsgefangenen, die binnen weniger Monate in der eigens dafür eingerichteten „Genickschussanlage" des KZ Sachsenhausen ermordet wurden, kamen schätzungsweise 3 000 bis 4 000 aus den „Russenlagern" Bergen-Belsen, Oerbke und Wietzendorf.

Massensterben

In den „Russenlagern" kam der Bau von Baracken nur zögerlich voran, in den ersten Monaten standen so gut wie keine Unterkünfte für die Gefangenen zur Verfügung. Zum Schutz vor der Witterung gruben sie sich Erdhöhlen oder errichteten provisorische Unterstände. Bis in den Winter hinein mussten viele der Gefangenen unter diesen Umständen existieren. Die Wehrmacht hatte für sie Hungerrationen festgelegt, die kaum zum Überleben ausreichten. Die deutschen Wachmannschaften hatten den Befehl zum „rücksichtslosen Durchgreifen" gegenüber den sowjetischen Kriegsgefangenen, viele wurden

Bergen-Belsen: Sowjetische Kriegsgefangene heben ein Massengrab aus, 1941/42
• Privatbesitz

erschossen. Aufgrund der katastrophalen hygienischen Bedingungen herrschte in den „Russenlagern" bald die Ruhr. Später brachen Fleckfieberepidemien aus, woraufhin die Lager monatelang unter Quarantäne standen. Von den Arbeitskommandos wurden viele Arbeitsunfähige wieder in die Stammlager abgeschoben, wo die Zahl der kranken und verhungernden Gefangenen zunahm.

Die Sterberate in Bergen-Belsen, Oerbke und Wietzendorf stieg ab Oktober 1941 steil an. Im Winter 1941/42 kam es zu einem Massensterben. Bis Ende März 1942 waren 41 000 Gefangene vor allem an Hunger und Erschöpfung gestorben: 14 500 in Wietzendorf, 14 000 in Bergen-Belsen, 12 500 in Oerbke. Die Toten wurden in Massengräbern auf den eigens angelegten Friedhöfen nahe der Lager begraben. Auch in den Arbeitskommandos starben Tausende von Gefangenen.

Stalag XI B Zweiglager Bergen-Belsen

Am Ende des Winters 1941/42 waren von insgesamt drei Millionen sowjetischen Kriegsgefangenen im Gewahrsam der Wehrmacht zwei Millionen ums Leben gekommen. Der deutsche Vormarsch in der Sowjetunion war ins Stocken geraten. Dadurch stiegen die Zahl der Einberufungen in die Wehrmacht sowie der Bedarf an Waffen und Munition drastisch an.

In dieser Situation wurden die sowjetischen Kriegsgefangenen als billige Arbeitskräfte für die deutsche Kriegswirtschaft immer wertvoller. Die Grundsätze für die Behandlung sowie die Versorgung der Gefangenen verbesserten sich entsprechend. Dennoch blieben die sowjetischen Kriegsgefangenen bis zum Ende des Krieges schlechter gestellt als die Gefangenen anderer Nationen.

Die Wehrmacht löste die meisten „Russenlager" im Deutschen Reich 1942 auf. Das Lager Oerbke wurde als Zweiglager

Sowjetische Sanitäterinnen im Lazarett Bergen-Belsen, wahrscheinlich 1943 • Privatbesitz

Konstantin Kudrjawzew (rechts) und Nikolaj Beljaew, zwei Mitglieder des „Hannoveraner Komitees", vermutlich Bergen-Belsen, um 1944 • Stiftung niedersächsische Gedenkstätten/Dokumentationsstelle Celle

vom Stalag XI B Fallingbostel, das Lager Wietzendorf vom Stalag X B Sandbostel übernommen. In beiden Lagern waren jedoch weiterhin sowjetische Kriegsgefangene untergebracht. Das Stalag XI C (311) Bergen-Belsen bestand dagegen noch ein Jahr länger. Im Juni 1943 überließ die Wehrmacht das Areal des Hauptlagers der SS, die hier ein Konzentrationslager einrichtete. Das Kriegsgefangenenlazarett bestand fort, wurde aber in ein Zweiglager des Stalag XI B umgewandelt. Bergen-Belsen blieb bis Januar 1945 mit bis zu 1200 Betten das zentrale Lazarett für sowjetische Kriegsgefangene in der Region. Hier wurden auch unheilbar kranke Gefangene eingeliefert, insbesondere Tuberkulosepatienten, sodass es weiterhin eine große Zahl von Todesfällen gab.

Widerstand

Ab 1942 gründeten sowjetische Kriegsgefangene in vielen Lagern geheime Widerstandsorganisationen. Im Lazarett Bergen-Belsen fanden sich sowjetische Ärzte und Pfleger zum „Hannoveraner Komitee" zusammen, in Fallingbostel/Oerbke entstand das „Komitee zum Kampf gegen den Faschismus". Die Fluktuation zwischen dem Lazarett Bergen-Belsen, dem Stammlager Fallingbostel und den Arbeitskommandos ermöglichte die Beschaffung und Verbreitung von Informationen unter den Gefangenen. Schwerpunkte der Arbeit der Widerstandsgruppen bildeten gegenseitige Hilfeleistungen, die Agitation gegen die Rekrutierung von Gefangenen für die auf deutscher Seite kämpfenden Freiwilligenverbände oder die Wlassow-Armee und die Vorbereitung von Fluchten oder Sabotageakten. Das Hannoveraner Komitee verbreitete auch Flugblätter unter den Kriegsgefangenen und den zivilen sowjetischen Zwangsarbeitern. Die Gestapo deckte im Sommer 1944 im Arbeitskommando Salzgitter-Drütte eine

Italienische Militärinternierte eines Arbeitskommandos bei der Trümmerräumung in Hannover, Mai 1944
• Historisches Museum Hannover

Fallingbostel: Registrierung weiblicher Kriegsgefangener aus dem Warschauer Aufstand, Oktober 1944
• Historisches Museum der Hauptstadt Warschau

Widerstandszelle auf und von dort aus auch die Zentrale in Fallingbostel. Die führenden Persönlichkeiten des Komitees wurden daraufhin in verschiedene Konzentrationslager überstellt.

Italienische Militärinternierte

Im Herbst 1943 dienten die Lager Oerbke und Wietzendorf als Aufnahme- und Durchgangslager für Zehntausende von italienischen Militärinternierten, die nach dem Ende der deutsch-italienischen Allianz von der Wehrmacht gefangen genommen und zum Arbeitseinsatz nach Deutschland transportiert worden waren. Wietzendorf war ab Januar 1944 eines der größten Lager für italienische Offiziere, im Lager Oerbke bestand ein Lazarett für italienische Militärinternierte. Hier gab es mindestens 379 Todesfälle. Im August 1944 wurde in Oerbke schließlich ein aus dem Osten evakuiertes Stalag für britische und US-amerikanische Gefangene untergebracht. Die italienischen Lazarettpatienten wurden nach Bergen-Belsen verlegt. In wenigen Monaten starben dort weitere 142 Italiener vor allem an Lungentuberkulose.

Polnische Kriegsgefangene nach dem Warschauer Aufstand

Ab Oktober 1944 hatte das Zweiglager Bergen-Belsen eine weitere Funktion, als 1 000 Offiziere und Soldaten der polnischen Untergrundarmee „Armia Krajowa" eingeliefert wurden, die Hälfte davon Frauen. Die Armia Krajowa hatte im August 1944 in Warschau einen Aufstand gegen die deutschen Besatzer gewagt. Unter den Gefangenen befanden sich auch der stellvertretende Kommandant der Aufständischen und weitere Angehörige der militärischen Führung der Armia Krajowa sowie der kulturellen Elite Warschaus. Die deutsche Seite hatte den Aufständischen bei ihrer Kapitulation eine Behandlung

Eine britische Armeeeinheit traf am 10. April 1945 nördlich von Hannover auf ehemalige sowjetische Kriegsgefangene. Fotograf Sergeant Laws • Imperial War Museum, London, Photograph Archive, BU 3227

nach den Bestimmungen der Genfer Konvention zugesichert. Aus diesem Grund durfte am 9. November 1944 erstmals eine Delegation des Internationalen Roten Kreuzes einen Kontrollbesuch im Kriegsgefangenenlager Bergen-Belsen durchführen. Allerdings erhielten die Delegierten keinen Zutritt zu den sowjetischen und italienischen Gefangenen.

Kriegsende und Befreiung

Am 15. Januar 1945 räumte die Wehrmacht das Kriegsgefangenenlager Bergen-Belsen endgültig. Die SS übernahm die Baracken zur Erweiterung des Konzentrationslagers. Die Kriegsgefangenen waren in den Wochen zuvor in verschiedene andere Lager und Lazarette verlegt worden. Britische Armeeeinheiten befreiten schließlich im April 1945 die italienischen Offiziere in Wietzendorf und die Gefangenen in den Lagern Fallingbostel und Oerbke. Wietzendorf war danach einige Monate lang Sammellager für italienische Überlebende, bis diese nach Hause zurückkehren konnten. Im Truppenlager Fallingbostel lebten zeitweise 25 000 befreite sowjetische Kriegsgefangene, KZ-Häftlinge und zivile Zwangsarbeiter aus den Lagern der Region. Sie wurden – oft gegen ihren Willen – bis September 1945 von den sowjetischen Militärbehörden in ihre Heimat überführt.

Aus dem KZ Bergen-Belsen sind keine Fotografien des Lagers überliefert. Die Zustände der Endphase wurden erst nach der Befreiung fotografisch festgehalten. Es kann deshalb nur auf die zahlreichen Dokumente, Zeichnungen und Gegenstände aus der Lagerzeit sowie Privatfotografien der Häftlinge zurückgegriffen werden. Die hier abgebildete Häftlingsnummer musste die Polin Maria Gniatczyk, geboren 1927 in Poznań, im Frauenlager des KZ Bergen-Belsen an ihrer Kleidung tragen. • Schenkung Maria Gniatczyk

Geschichte

Konzentrationslager Bergen-Belsen

Das Konzentrationslager Bergen-Belsen war seit seiner Einrichtung im April 1943 ein Teil des KZ-Systems und gilt vielen bis heute als Inbegriff für die nationalsozialistischen Verbrechen. Dennoch unterschied es sich in wesentlichen Punkten von allen anderen nationalsozialistischen Konzentrationslagern.

Es wurde zunächst als Lager für jüdische Geiseln eingerichtet. Die SS stellte ihnen die Freilassung ins Ausland in Aussicht – im Austausch gegen dort internierte Deutsche. Ab März 1944 wandelte sich der Charakter des Lagers. Ein neuer Lagerteil für kranke und arbeitsunfähige männliche Häftlinge aus anderen Konzentrationslagern wurde eingerichtet.
Im August 1944 kam auch ein Lagerabschnitt für weibliche Häftlinge hinzu. Ab Dezember 1944 wurde das KZ Bergen-Belsen schließlich zum Zielort für zahlreiche Räumungstransporte aus anderen Konzentrationslagern.

Von insgesamt etwa 120 000 Häftlingen starben mindestens 52 000 an Hunger und Seuchen, durch Übergriffe der SS oder an den unmittelbaren Folgen der KZ-Haft.

Austauschlager

Die SS übernahm im April 1943 von der Wehrmacht das südliche Areal des Kriegsgefangenenlagers Bergen-Belsen und richtete dort das „Aufenthaltslager Bergen-Belsen“ ein. Es sollte als Lager für verschiedene Gruppen von Juden dienen, die von SS und Auswärtigem Amt als wertvolle Geiseln angesehen wurden. Diese Menschen waren vorerst

Alexander und Frederika Tal mit den Kindern Naomi, Ruth und Elchanan, 1938. Die jüdische Familie Tal aus Amsterdam wurde 1944 in das Austauschlager des KZ Bergen-Belsen gebracht. Ruth erlag im Januar 1945 einer Typhuserkrankung, der Vater starb während des Räumungstransportes. Naomi Rinat, geborene Tal, lebt heute in Israel. • Privatbesitz Naomi Rinat

John und Irene Hasenberg, um 1935. Die jüdische Familie Hasenberg aus Berlin wurde 1944 in das Austauschlager des KZ Bergen-Belsen gebracht. John Hasenberg starb während eines Austauschtransports auf dem Weg in die Schweiz. Seine Tochter Irene Butter lebt heute in den USA. • Privatbesitz Irene Butter

von der Deportation in die Vernichtungslager ausgenommen und sollten im KZ Bergen-Belsen zum Austausch gegen im feindlichen Ausland internierte Deutsche zur Verfügung gehalten werden. Als Gegenwert erhoffte sich das NS-Regime außerdem dringend benötigte Devisen und Waren. Als „Austauschhäftlinge" kamen dabei zum Beispiel jene Juden in Betracht, die über offizielle Einwanderungspapiere der britischen Mandatsbehörde in Palästina verfügten. Auch Juden, die eine Staatsangehörigkeit westlicher Feindstaaten besaßen oder hohe Positionen in jüdischen Organisationen inne gehabt hatten, kamen für einen Austausch in Frage.

Lebensbedingungen

Die Lebensbedingungen der Häftlinge waren zunächst deutlich besser als in anderen Konzentrationslagern. Die Geiseln mussten am Leben bleiben, um sie später gegebenenfalls austauschen zu können. Sie durften persönliches Gepäck nach Bergen-Belsen mitbringen, einige waren im Besitz von Büchern, Papier, Stiften, religiösen Texten und Gegenständen. So konnte sich im Geheimen ein kulturelles und religiöses Leben entfalten. Aus dem Austauschlager sind zahlreiche Gedichte und Zeichnungen sowie bisher 27 Tagebücher überliefert.

Trotz dieser Besonderheiten war das Austauschlager Bergen-Belsen ein KZ unter dem Kommando der SS. Es war von Stacheldraht und Wachtürmen umgeben, die Häftlinge waren der Willkür der SS ausgeliefert. Sie mussten in primitiv ausgestatteten Baracken leben und zweimal täglich zum Appell antreten, oft stundenlang. Sie litten unter Hunger und Krankheiten, viele mussten Zwangsarbeit in Arbeitskommandos leisten. Mindestens 1 400 Häftlinge starben im Austauschlager Bergen-Belsen.

Wohnbaracken im Austauschlager. Die Zeichnung fertigte Louis Asscher im KZ Bergen-Belsen an. Er starb am 19. April 1945 auf einem Räumungstransport. • Privatbesitz Familie Asscher

In der Regel wurden keine Einzelpersonen in das Austauschlager gebracht, sondern ganze Familien, auch wenn manchmal nur ein einziges Familienmitglied die Bedingungen für einen späteren Austausch erfüllte. Zwischen Juli 1943 und Dezember 1944 wurden mindestens 14 600 jüdische Häftlinge, davon 2 750 Kinder und Jugendliche, in das Austauschlager Bergen-Belsen transportiert. Hier hatte die SS für die verschiedenen Häftlingsgruppen voneinander abgegrenzte Teillager eingerichtet, in denen unterschiedliche Lebensbedingungen herrschten: das „Sternlager" mit einem großen Anteil niederländischer Juden, das „Ungarnlager", das „Sonderlager" für polnische Juden sowie das „Neutralenlager" für Häftlinge aus neutralen Staaten.

Insgesamt gelangten nur etwa 2 560 jüdische Häftlinge mit verschiedenen Transporten aus Bergen-Belsen in die Freiheit. Für die große Mehrzahl der Häftlinge erfüllte sich die Hoffnung auf Austausch oder Freilassung nicht. Mehrere Hundert wurden in andere Lager weiter verschoben, etwa 2 150 jüdische Häftlinge aus Polen wurden ab Oktober 1943 zur Ermordung nach Auschwitz transportiert. Fast 7 000 Juden blieben bis zur Befreiung in den Händen der SS.

Funktionserweiterungen des Lagers

Anfang 1944 entschied die SS, das Lagergelände auch für andere Zwecke und weitere Häftlingsgruppen zu nutzen. In der Folge änderten sich der Charakter des Lagers, die Struktur der Häftlingsgesellschaft und vor allem die Lebensbedingungen der Häftlinge auf dramatische Weise.

Männerlager

Ende März 1944 wurde ein Lager für kranke männliche Häftlinge aus anderen

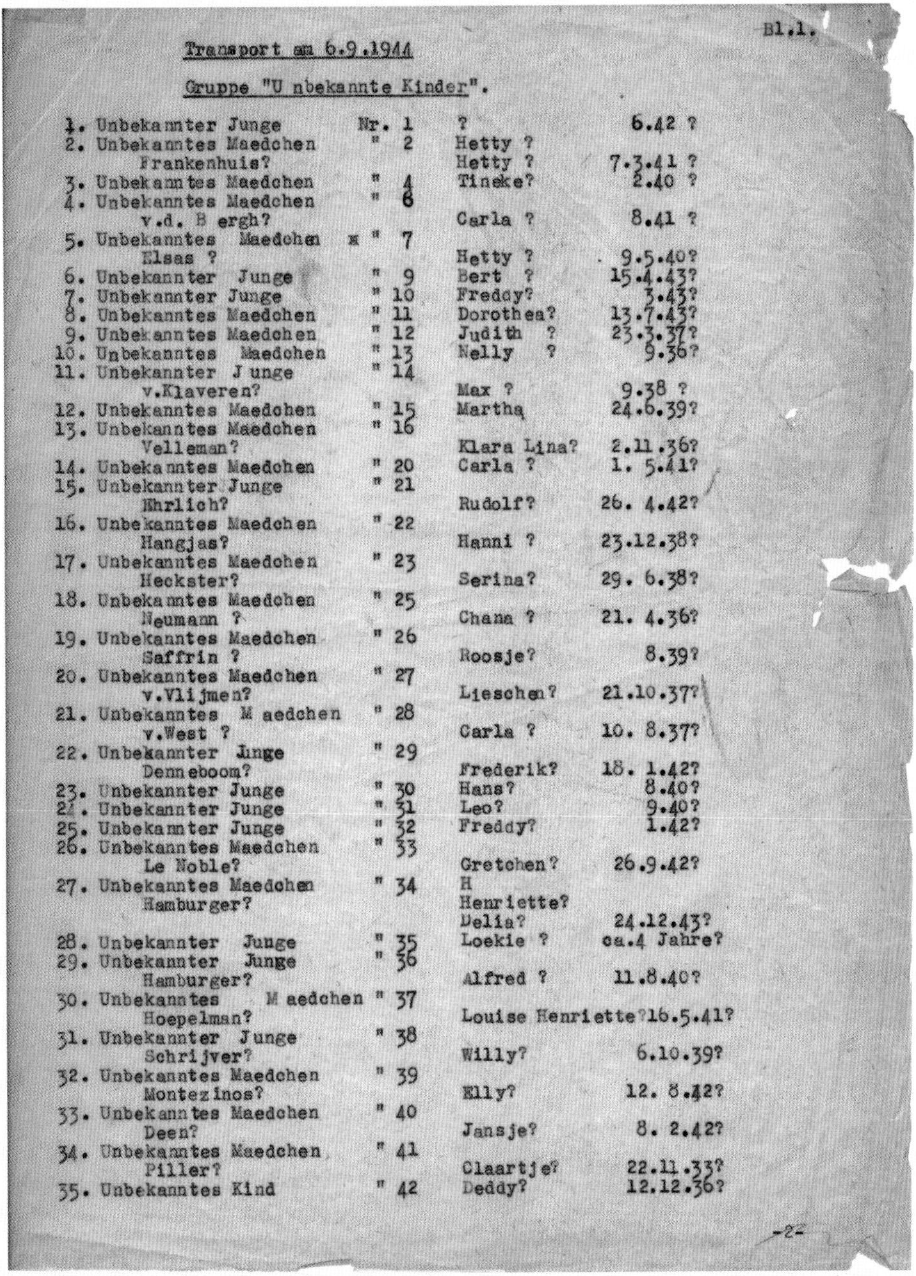

Bl.1.

Transport am 6.9.1944

Gruppe "Unbekannte Kinder".

1.	Unbekannter Junge	Nr. 1	?	6.42 ?
2.	Unbekanntes Maedchen	" 2	Hetty ?	
	Frankenhuis?		Hetty ?	7.3.41 ?
3.	Unbekanntes Maedchen	" 4	Tineke?	2.40 ?
4.	Unbekanntes Maedchen v.d. Bergh?	" 6	Carla ?	8.41 ?
5.	Unbekanntes Maedchen x Elsas ?	" 7	Hetty ?	9.5.40?
6.	Unbekannter Junge	" 9	Bert ?	15.4.43?
7.	Unbekannter Junge	" 10	Freddy?	3.43?
8.	Unbekanntes Maedchen	" 11	Dorothea?	13.7.43?
9.	Unbekanntes Maedchen	" 12	Judith ?	23.3.37?
10.	Unbekanntes Maedchen	" 13	Nelly ?	9.36?
11.	Unbekannter Junge v.Klaveren?	" 14	Max ?	9.38 ?
12.	Unbekanntes Maedchen	" 15	Martha	24.6.39?
13.	Unbekanntes Maedchen Velleman?	" 16	Klara Lina?	2.11.36?
14.	Unbekanntes Maedchen	" 20	Carla ?	1. 5.41?
15.	Unbekannter Junge Ehrlich?	" 21	Rudolf?	26. 4.42?
16.	Unbekanntes Maedchen Hangjas?	" 22	Hanni ?	23.12.38?
17.	Unbekanntes Maedchen Heckster?	" 23	Serina?	29. 6.38?
18.	Unbekanntes Maedchen Neumann ?	" 25	Chana ?	21. 4.36?
19.	Unbekanntes Maedchen Saffrin ?	" 26	Roosje?	8.39?
20.	Unbekanntes Maedchen v.Vlijmen?	" 27	Lieschen?	21.10.37?
21.	Unbekanntes Maedchen v.West ?	" 28	Carla ?	10. 8.37?
22.	Unbekannter Junge Denneboom?	" 29	Frederik?	18. 1.42?
23.	Unbekannter Junge	" 30	Hans?	8.40?
24.	Unbekannter Junge	" 31	Leo?	9.40?
25.	Unbekannter Junge	" 32	Freddy?	1.42?
26.	Unbekanntes Maedchen Le Noble?	" 33	Gretchen?	26.9.42?
27.	Unbekanntes Maedchen Hamburger?	" 34	H Henriette? Delia?	24.12.43?
28.	Unbekannter Junge	" 35	Loekie ?	ca.4 Jahre?
29.	Unbekannter Junge Hamburger?	" 36	Alfred ?	11.8.40?
30.	Unbekanntes Maedchen Hoepelman?	" 37	Louise Henriette?	16.5.41?
31.	Unbekannter Junge Schrijver?	" 38	Willy?	6.10.39?
32.	Unbekanntes Maedchen Montezinos?	" 39	Elly?	12. 8.42?
33.	Unbekanntes Maedchen Deen?	" 40	Jansje?	8. 2.42?
34.	Unbekanntes Maedchen Piller?	" 41	Claartje?	22.11.33?
35.	Unbekanntes Kind	" 42	Deddy?	12.12.36?

-2-

Namensliste vom 6. September 1944 zu einem Transport „unbekannter Kinder" von Westerbork nach Bergen-Belsen (Ausschnitt). Die Kinder waren von ihren Eltern bei nichtjüdischen Niederländern versteckt, später jedoch entdeckt und nach Westerbork deportiert worden. Da sich die SS nicht sicher war, ob es sich tatsächlich um jüdische Kinder handelte, wurden sie nicht in ein Vernichtungslager transportiert. • Netherlands Institute for War Documentation, Amsterdam, Archive

Igor Newerly mit seiner Ehefrau Barbara, 1930er Jahre. Der Pole Igor Newerly, geboren 1903 in Białowieża, wurde aus politischen Gründen verfolgt. Er wurde im Männerlager des KZ Bergen-Belsen befreit. Seine jüdische Ehefrau konnte in Polen im Versteck überleben. • Privatbesitz Jarosław Abramow-Newerly

Wanda Pranden, 1942. Die Sintizza, geboren 1923 in Gandersheim, wurde als „Zigeunerin" verfolgt. Sie wurde im Frauenlager des KZ Bergen-Belsen befreit. • Privatbesitz

Konzentrationslagern eingerichtet. Ein erster Transport mit 1 000 Männern kam aus dem Außenlager Dora des KZ Buchenwald. Die Häftlinge galten als „nicht mehr arbeitsfähig" und sollten in Bergen-Belsen angeblich gesund gepflegt werden, um dann ihren Arbeitseinsatz im Herkunftslager fortsetzen zu können. Doch es gab keine ausreichende medizinische Versorgung. Die Männer wurden in einem gesonderten Lagerteil untergebracht, wo sie Hunger und Misshandlungen ausgesetzt waren. Die SS unternahm nichts, um das Überleben der kranken Häftlinge zu gewährleisten. Die Sterblichkeit im Männerlager war erschreckend hoch. Tausende Häftlinge kamen durch Krankheiten, Hunger, Erschöpfung und mangelnde medizinische Versorgung um.

Die SS setzte diese Abschiebetransporte aus anderen Konzentrationslagern bis kurz vor der Befreiung fort. Bei den Tausenden kranken und geschwächten Männern handelte es sich um Menschen aus ganz Europa. In der Mehrzahl waren sie politische Häftlinge, es waren aber auch zahlreiche Verfolgte darunter, die als „Berufsverbrecher", „Sicherungsverwahrte", „Asoziale" und „Homosexuelle" in die KZ eingeliefert worden waren.

Frauenlager

Im August 1944 wurde im KZ Bergen-Belsen ein weiterer Lagerabschnitt für weibliche Häftlinge eingerichtet. Zwischen August und Ende November 1944 brachte die SS etwa 9 000 Frauen und Mädchen in dieses Frauenlager, in den Folgemonaten kamen noch Tausende hinzu. Zunächst handelte es sich um Polinnen, die während des Warschauer Aufstandes verhaftet und zum Teil zusammen mit ihren Kindern deportiert worden waren, später hauptsächlich um polnische und ungarische Jüdinnen aus dem KZ Auschwitz. Aber auch kranke oder

Der französische Maler Léon Delarbre kam in einem Räumungstransport aus dem KZ Mittelbau-Dora im April 1945 nach Bergen-Belsen. Seine Eindrücke hielt er in mehreren Zeichnungen fest, die unmittelbar nach seiner Befreiung entstanden. • Musée de la résistance et de la déportation, Besançon

schwangere Frauen wurden aus anderen Lagern nach Bergen-Belsen verlegt.

Die Frauen wurden in den ersten Monaten provisorisch auf einer großen freien Fläche des Lagerareals in Zelten untergebracht. Erst nachdem im November 1944 ein Sturm die Zelte zerstörte, teilte man ihnen Baracken zu. Die Mehrzahl der arbeitsfähigen Frauen und Mädchen wurde nach kurzem Aufenthalt zur Zwangsarbeit in andere Lager weiterverteilt. Einsatzorte waren neben den zahlreichen Außenlagern anderer KZ auch drei Außenlager des KZ Bergen-Belsen, die die SS im August und September 1944 bei Rüstungsbetrieben in der näheren Umgebung eingerichtet hatte. Insgesamt etwa 2 000 weibliche Häftlinge, überwiegend jüdische Frauen aus Polen und Ungarn, wurden hier in der Rüstungsproduktion und bei Bauarbeiten eingesetzt. Unter den Frauen, die in Bergen-Belsen blieben, waren auch Margot und Anne Frank, die hier im März 1945 starben.

SS-Personal

Anfang Dezember 1944 wurde SS-Hauptsturmführer Josef Kramer neuer Lagerkommandant des KZ Bergen-Belsen. Er löste den bisherigen Kommandanten, SS-Sturmbannführer Adolf Haas, ab. Kramer war zuvor als Kommandant des Vernichtungslagers Auschwitz-Birkenau für die Ermordung mehrerer Hunderttausend Juden verantwortlich gewesen. Zusammen mit Kramer wurde weiteres SS-Personal von Auschwitz nach Bergen-Belsen versetzt, erstmals auch zahlreiche Frauen. Insgesamt waren mindestens 480 SS-Leute, darunter etwa 45 Frauen, im KZ Bergen-Belsen eingesetzt.

Räumungstransporte

Das KZ Bergen-Belsen wurde ab Dezember 1944 aufgrund seiner geografischen Lage in der Mitte des noch von der Wehrmacht kontrollierten deutschen Gebiets zu einem Zielort für Räumungstransporte.

Frauen sitzen zwischen den Toten, 17. April 1945, Fotograf Sergeant Morris • Imperial War Museum, London, Photograph Archive, BU 3803

Die SS hatte schon im Sommer 1944 begonnen, frontnahe Lager zu räumen und Zehntausende Häftlinge unter katastrophalen Umständen in andere, zentraler gelegene Lager zu transportieren. Mit mehr als 100 Transporten wurden ab Dezember 1944 mindestens 85 000 Männer, Frauen und Kinder nach Bergen-Belsen gebracht. Die Fahrten in überfüllten Viehwaggons und die Todesmärsche dauerten teilweise mehrere Wochen. Diese Transporte veränderten die Struktur der Häftlingsgesellschaft erneut. Die Mehrzahl der Häftlinge stammte nun aus Polen, Ungarn und der Sowjetunion. Die beiden größten Häftlingsgruppen bildeten die politisch Verfolgten und die Juden. Auch zahlreiche Sinti und Roma gelangten nach Bergen-Belsen.

Die in kurzer Folge ankommenden Transporte von Tausenden Menschen hatten eine völlige Überfüllung des Lagers zur Folge. Als die Wehrmacht im Januar 1945 das Areal des bis dahin bestehenden Kriegsgefangenenlazaretts dem Konzentrationslager überließ, nutzte die SS das Gelände zur Erweiterung des Frauenlagers. Auch das Areal des Männerlagers wurde erheblich vergrößert. Trotzdem waren die vorhandenen Baracken in Kürze vollkommen überbelegt. Die Versorgungssituation der Häftlinge war katastrophal. Eine Typhus- und Fleckfieberepidemie brach aus, die von der SS nie ernsthaft bekämpft wurde.

Da ab März 1945 die Kapazität des Krematoriums zur Verbrennung der Toten nicht mehr ausreichte, lagen Tausende von Leichen auf dem Lagergelände und in den Baracken. Auch für die Häftlinge des Austauschlagers spielte ihr anfänglicher Sonderstatus keine Rolle mehr. Sie waren in den letzten Monaten vor Kriegsende den gleichen unvorstellbaren Lebensbedingungen ausgesetzt wie alle übrigen Häftlinge.

Am 13. April 1945 erreichte die US-Armee in der Nähe von Farsleben den Zug mit den Häftlingen aus Bergen-Belsen. Die deutschen Bewacher waren bereits geflohen. Fotograf Clarence L. Benjamin • Privatbesitz George C. Gross

Die letzten Wochen

Anfang April 1945 räumte die SS das Austauschlager weitestgehend. Etwa 6 700 Häftlinge sollten mit drei Bahntransporten vermutlich in das Ghetto Theresienstadt verlegt werden. Nur einer der Züge erreichte sein Ziel am 20. April 1945. Die beiden anderen Züge wurden am 13. April bei Farsleben (heute Sachsen-Anhalt) von amerikanischen sowie am 23. April bei Tröbitz (Brandenburg) von sowjetischen Truppen befreit.

Gleichzeitig lenkte die SS weitere Räumungstransporte nach Bergen-Belsen. Anfang April 1945 brachte sie etwa 15 000 neu eingetroffene Häftlinge in Gebäuden der nahe gelegenen Wehrmachtskaserne unter. Im Hauptlager Bergen-Belsen brach die Versorgung mit Lebensmitteln und Trinkwasser völlig zusammen. Allein zwischen Januar und Mitte April 1945 starben in Bergen-Belsen mindestens 35 000 Menschen.

Nach mehrtägigen Waffenstillstandsverhandlungen zwischen Wehrmacht und britischer Armee erreichten am 15. April 1945 britische Truppen das Lager. Kurz zuvor hatte die SS sämtliche Akten der Lagerverwaltung vernichtet, um die schriftlichen Dokumente ihrer Verbrechen zu beseitigen. Für Tausende der mindestens 53 000 Häftlinge kam die Rettung jedoch zu spät. Trotz der rasch eingeleiteten medizinischen Hilfe des britischen Militärs und verschiedener Hilfsorganisationen starben allein bis Sommer 1945 noch etwa 14 000 der Befreiten an den Folgen ihrer KZ-Haft.

Nothospital: Auch im ehemaligen Offizierskasino der deutschen Wehrmacht stellten die Briten Feldbetten für die Überlebenden des KZ Bergen-Belsen auf. • Yad Vashem Archive, Jerusalem, The Josef Rosensaft Collection, FA 184-137

Geschichte

Displaced Persons Camp Bergen-Belsen

Als „Displaced Persons" (DPs) bezeichneten die westlichen Alliierten alle Überlebenden der nationalsozialistischen Verfolgung, die sich am Ende des Krieges unfreiwillig in Deutschland aufhielten. Es handelte sich um bis zu zehn Millionen verschleppte Zwangsarbeiter, Kriegsgefangene und KZ-Häftlinge. Für ihre Unterbringung wurden Sammelzentren eingerichtet.

Diese „DP-Camps" sollten nur provisorischen Charakter haben, da es das Ziel der Alliierten war, alle DPs möglichst schnell in ihre Herkunftsländer zurückzuführen. Tausende Überlebende, vor allem Juden und Polen, weigerten sich aber zunächst, in ihre Heimat zurückzukehren. So bestanden zahlreiche DP-Camps noch bis Anfang der 1950er Jahre.

Vom Nothospital zum DP-Camp

In den ersten Wochen nach der Befreiung des Konzentrationslagers Bergen-Belsen sorgte das britische Militär, unterstützt von zivilen Hilfsorganisationen, für die Versorgung der Überlebenden mit Medizin, Lebensmitteln und Kleidung. Während auf dem Gelände des ehemaligen Konzentrationslagers Tausende Leichen in Massengräbern bestattet und die verseuchten Holzbaracken abgebrannt wurden, richtete die britische Armee in Gebäuden der nahe gelegenen vormaligen Wehrmachtskaserne ein Nothospital ein.

Dorthin wurden innerhalb von vier Wochen nahezu 29 000 Überlebende des Konzentrationslagers verlegt. Zivile Hilfsorganisationen unterstützten die Briten bei der Versorgung der befreiten Häftlinge.

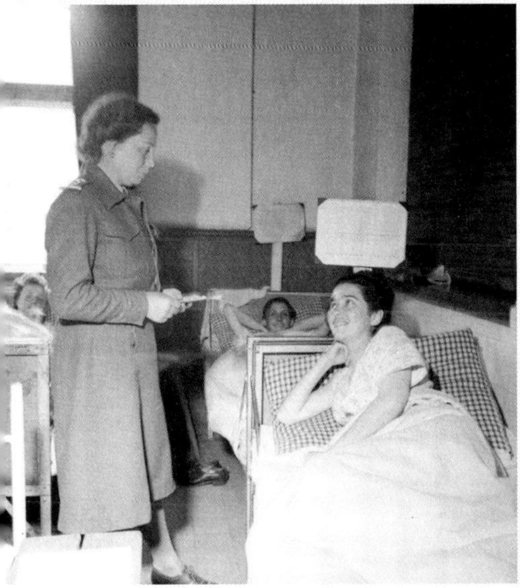

Nothospital: „Eine Mitarbeiterin des Britischen Roten Kreuzes spricht mit einem jungen tschechischen Mädchen, das vier Jahre lang KZ-Häftling war.“ (Aus den Notizen des Fotografen, Übersetzung aus dem Englischen) Zwischen dem 1. und 4. Mai 1945, Fotograf Sergeant Hewitt • Imperial War Museum, London, Photograph Archive, BU 5482

Repatriierung von jugoslawischen Überlebenden im August 1945 • Imperial War Museum, London, Photograph Archive, HU 47979

Dennoch starben in Bergen-Belsen bis Sommer 1945 noch mehr als 14 000 Menschen an den Folgen der KZ-Haft. Als die Zahl der Kranken zurückging, wurden die Kasernengebäude zu Wohnblocks umgewandelt – aus dem Nothospital wurde ein DP-Camp.

Sofern es ihr Gesundheitszustand zuließ, kehrten die Displaced Persons aus den meisten europäischen Ländern schon nach wenigen Wochen oder Monaten in ihre Heimat zurück. Grundsätzlich galt bei dieser Repatriierung das Prinzip der Freiwilligkeit. Allerdings hatte die Sowjetunion gegenüber den anderen Alliierten durchgesetzt, dass die sowjetischen DPs auch gegen ihren Willen in die Heimat zurückgeführt wurden.

Juden und Polen im DP-Camp Bergen-Belsen

Anfang September 1945 hielten sich weiterhin mehr als 25 000 Menschen im DP-Camp Bergen-Belsen auf. Zum einen handelte es sich um etwa 15 000 nichtjüdische Polen. Sie waren vor der Befreiung als zivile Zwangsarbeiter eingesetzt worden oder waren ehemalige Kriegsgefangene und KZ-Häftlinge. Zum zweiten waren noch knapp 11 000 jüdische KZ-Überlebende im DP-Camp Bergen-Belsen, die meisten stammten ebenfalls aus Polen. Beide Gruppen lehnten aus verschiedenen Gründen eine Rückkehr in ihre Herkunftsländer ab.

Die polnischen nichtjüdischen DPs weigerten sich nach Polen zurückzukehren, weil sie das von der Sowjetunion eingesetzte kommunistische Regime in Warschau ablehnten. Sie hatten zwar in ihrer Heimat oft noch Verwandtschaft, zu der sie zurückkehren konnten, wollten die politische Entwicklung aber zunächst abwarten. Andere hingegen hatten ihre Heimat verloren, da die ostpolnischen Gebiete nun auf sowjetischem Territorium lagen.

Ein polnisches Ehepaar nach der Trauung im DP-Camp Bergen-Belsen, 1945. Das Brautkleid war aus Fallschirmseide genäht. • Privatbesitz Bolesław Krawczykowski

Mütter mit ihren Kindern im jüdischen DP-Camp, Sommer 1947 • Netherlands Institute for War Documentation, Amsterdam, Zippy Orlin photograph collection

Die Mehrzahl der jüdischen DPs hingegen hatte keine Verwurzelung mehr in ihren Herkunftsländern. Für sie war ein Weiterleben in Europa nach dem Holocaust unvorstellbar. Es gab nur selten Verwandte, zu denen sie hätten zurückkehren können. Ihre Häuser oder Sachwerte waren zerstört oder geraubt worden. Sie mussten sich gänzlich neu orientieren. Dies erklärt auch die Bedeutung des Zionismus im DP-Camp. Zahlreiche Überlebende, die vor der nationalsozialistischen Verfolgung nicht zionistisch orientiert gewesen waren, unterstützten nun das Ziel eines selbstbestimmten Lebens in Palästina.

Die unsichere politische und wirtschaftliche Situation in den Herkunftsländern der jüdischen DPs wurde durch erneute antisemitische Ausschreitungen noch verschärft. Dies veranlasste auch Tausende Juden, die die nationalsozialistische Verfolgung in Polen und Ungarn überlebt hatten, zur Emigration oder Flucht in Richtung Westen. Viele suchten ab Ende 1945 Zuflucht im DP-Camp Bergen-Belsen. Hier wurden sie von der britischen Militärverwaltung aber zunächst nicht als Displaced Persons anerkannt.

Polen und Juden waren auf Anordnung der britischen Militärbehörden zunächst gemeinsam in den Kasernen untergebracht. Doch schon im Sommer 1945 wurden für beide Gruppen getrennte Wohnbereiche geschaffen. Auch wenn es offiziell weiterhin nur ein Lager vor Ort gab, entwickelten sich faktisch ein jüdisches und ein polnisches DP-Camp mit einer jeweils eigenen Selbstverwaltung.

Selbstverwaltung durch Camp-Komitees

Das Camp wurde zunächst von der britischen Armee verwaltet. Ab März 1946 war die United Nations Relief & Rehabilitation Administration (UNRRA) verantwortlich, eine Sonderorganisation

Bericht vom ersten Kongress der befreiten Juden in der britischen Zone im September 1945 • Schenkung Yitzak und Esther Kerbel

Ausbildungswerkstatt für Mechaniker im jüdischen DP-Camp, undatiert • Netherlands Institute for War Documentation, Amsterdam, Zippy Orlin photograph collection

Lehrer und Schüler des Gymnasiums im polnischen DP-Camp, Februar 1946 • Schenkung Kazimiera Kłos

der Vereinten Nationen. Sie stellten die Grundversorgung mit Lebensmitteln, Wohnraum, Kleidung und Medikamenten sicher und schufen so die Rahmenbedingungen für das Leben im Camp. Die innere Organisation des Camps nahmen die DPs weitgehend selbst in die Hand. Unterstützt von verschiedenen Hilfsorganisationen steuerten ein jüdisches und ein polnisches Camp-Komitee die Selbstverwaltung der jeweiligen DP-Camps. Die Komitees hatten sich bereits wenige Tage nach der Befreiung als Interessenvertretung der KZ-Überlebenden gegründet.

Im September 1945 ging aus dem jüdischen Camp-Komitee durch demokratische Wahlen das „Zentralkomitee der befreiten Juden in der britischen Zone" hervor. Es vertrat zusätzlich die Belange der kleineren jüdischen DP-Camps und der neu gegründeten jüdischen Gemeinden in der gesamten britischen Zone.

Leben im Camp

Trotz der grundlegenden Unterschiede zwischen jüdischen und polnischen DPs gab es viele Parallelen in der Art und Weise, wie sie den Alltag im Camp organisierten. Die meisten Displaced Persons waren junge Erwachsene. Viele gründeten im DP-Camp eine Familie. Insgesamt kamen im DP-Camp Bergen-Belsen mehr als 1 500 Kinder zur Welt. Die Camp-Komitees richteten Kindergärten und Schulen ein und boten Kurse zur beruflichen Weiterbildung an. Sie organisierten Sportwettbewerbe, Konzerte, Fahrschulkurse, Fremdsprachenunterricht und politische Vorträge. Orchester, Chöre, Theater- und Kabarettgruppen wurden gegründet.

Im jüdischen Camp nahmen Rabbiner ihre Tätigkeit auf. Sie hielten Gottesdienste, vollzogen Trauungen, beschafften Thorarollen und lehrten die jüdischen Gesetze. Im polnischen Camp wurde ein römisch-katholisches Pfarramt

Eine Gruppe polnischer Pfadfinder bei der Enthüllung des großen Holzkreuzes auf dem ehemaligen Lagergelände Bergen-Belsen, 2. November 1945 • Schenkung Elżbieta Bosek

Szene aus dem Theaterstück „Partisanen", einer Produktion des jiddischsprachigen „Kazet-Theaters", das unter anderem selbst verfasste Stücke aufführte, die das Schicksal der verfolgten Juden in den Ghettos und Konzentrationslagern zum Thema hatten, undatiert. • Yad Vashem Archive, Jerusalem, The Josef Rosensaft Collection, FA 185-174

eingerichtet. Die Priester zelebrierten Messen und Andachten, tauften die Neugeborenen und leisteten seelsorgerische Arbeit.

Die DPs gaben verschiedene Zeitungen und Zeitschriften heraus, die über aktuelle politische und wirtschaftliche Entwicklungen informierten und über das Leben im Camp berichteten. Ein tägliches polnisches Informationsbulletin wurde im September 1945 durch die Wochenzeitung „Jedność" („Einigkeit") ergänzt. Die jiddischsprachige Lagerzeitung „Unzer Sztyme" („Unsere Stimme") war gleichzeitig ein Sprachrohr für die politischen Ziele der jüdischen DPs.

Das jüdische Zentralkomitee setzte eine Polizei im DP-Camp ein. Ebenso wurde im polnischen DP-Camp eine Wachkompanie aufgestellt. Sie wachten über die öffentliche Ordnung im Lager und sollten unter anderem den Schwarzmarkthandel unterbinden.

Gedenken

Das rege soziale, kulturelle und religiöse Leben im DP-Camp Bergen-Belsen täuscht leicht darüber hinweg, dass die traumatischen Erlebnisse der nationalsozialistischen Verfolgung allgegenwärtig blieben. Viele Überlebende wussten auch nach Monaten nicht, was aus ihren Familien geworden war. Sie reisten in andere Camps auf der Suche nach Angehörigen, eigens eingerichtete Suchbüros halfen dabei. Das polnische Camp-Komitee richtete eine Abteilung zur Dokumentation der nationalsozialistischen Verbrechen ein. Im November 1945 ließ das Komitee auf dem ehemaligen KZ-Gelände ein großes Holzkreuz errichten, das mit einer Messe vor tausenden Campbewohnern eingeweiht wurde.

Auch das jüdische Zentralkomitee organisierte Gedenkveranstaltungen und enthüllte im April 1946 ein steinernes Mahnmal zur Erinnerung an die jüdischen

Demonstration in Bergen-Belsen gegen die zwangsweise Rückführung der „Exodus"- Passagiere, 7. September 1947. Das Flüchtlingsschiff „Exodus" hatte versucht, mit über 4 500 jüdischen DPs an Bord illegal die Küste Palästinas zu erreichen. Die britische Marine hatte das Schiff abgefangen und die Passagiere schließlich zurück nach Deutschland gebracht, wo sie für vier Wochen in zwei Camps bei Lübeck interniert wurden. • Yad Vashem Archive, Jerusalem, The Josef Rosensaft Collection, FA 186-315

Opfer des Konzentrationslagers Bergen-Belsen. Im September 1945 war bereits ein provisorisches hölzernes Mahnmal errichtet worden. Auch die Sammlung von Dokumenten und Zeugenaussagen zum Holocaust sowie deren Veröffentlichung in Zeitungen, Büchern oder Ausstellungen machte sich das jüdische Zentralkomitee zur Aufgabe.

Auflösung des polnischen DP-Camps

Die britische Militärregierung entschied im Juni 1946, die verbliebenen etwa 4 500 Polen in anderen norddeutschen DP-Camps unterzubringen. Im September verließen die letzten polnischen DPs das Camp in Bergen-Belsen. Trotz der Vorbehalte gegen die kommunistische Regierung in Warschau kehrten insgesamt etwa zwei Drittel der polnischen DPs schließlich nach Polen zurück, den übrigen gelang es, vor allem in die USA und nach Kanada auszuwandern.

Zionismus und Auswanderung

Bergen-Belsen war nun ein ausschließlich jüdisches DP-Camp. Mit zeitweise 12 000 Bewohnern war es das größte jüdische DP-Camp im Nachkriegsdeutschland.

Das Zentralkomitee der befreiten Juden in der britischen Zone setzte sich für die Ziele des Zionismus ein. Das Recht auf Auswanderung nach Palästina stand im Mittelpunkt des politischen Kampfes. Die Briten weigerten sich jedoch, die Einwanderung generell freizugeben. Als Mandatsmacht in Palästina fürchteten sie politische Konflikte im Nahen Osten. In der britischen Zone war daher das Verhältnis zwischen dem jüdischen Zentralkomitee und der Militärregierung von Anfang an sehr gespannt. Da das Zentralkomitee von Bergen-Belsen aus agierte, wurde das Camp zum Zentrum der politischen Auseinandersetzungen zwischen den jüdischen DPs und den Briten.

Auswanderung nach Israel, 22. März 1949. Die Emigration nahm ihren Anfang an derselben Bahnrampe, an der die in das KZ Bergen-Belsen transportierten Häftlinge angekommen waren. • Yad Vashem Archive, Jerusalem, 177GO6DP

Viele jüdische DPs bereiteten sich aktiv auf ein selbstbestimmtes Leben in Palästina vor. Im Schulunterricht wurden die hebräische Sprache und die Landeskunde Palästinas gelehrt. Die jungen Erwachsenen versuchten, sich durch das Erlernen von handwerklichen oder landwirtschaftlichen Berufen auf das erhoffte Leben im künftigen Staat Israel vorzubereiten.

Bis 1947 gab es für die DPs in Bergen-Belsen praktisch keine legalen Auswanderungsmöglichkeiten. Eine Einreise beispielsweise in die USA, nach Kanada oder Australien blieb ihnen zunächst verwehrt. Die Emigration nach Palästina war bis 1947 fast ausschließlich illegal möglich. Ab Frühjahr 1947 reservierten die Briten monatlich 300 Zertifikate für Juden aus der britischen Zone, die ihnen die Einreise nach Palästina ermöglichten.

Im Mai 1948 wurde der Staat Israel gegründet, Anfang 1949 hob die britische Regierung auch die letzten Auswanderungsbeschränkungen auf. Die große Mehrheit der jüdischen DPs in Bergen-Belsen entschied sich für ein Leben in Israel. Doch auch viele andere Staaten lockerten ihre Einwanderungsbedingungen. Mehr als 2 000 Juden aus Bergen-Belsen wanderten in die USA und fast 800 nach Kanada aus. Eine Minderheit blieb in Deutschland und beteiligte sich aktiv am Neuaufbau der jüdischen Gemeinden.

Im Sommer 1950 wurde das DP-Camp Bergen-Belsen aufgelöst. Die noch verbliebenen 1 000 Bewohner wurden nach Upjever bei Wilhelmshaven verlegt.

Die Angeklagten des ersten Belsen-Prozesses am 17. September 1945
• Associated Press, Frankfurt am Main

Geschichte

Strafverfolgung

Im Konzentrationslager Bergen-Belsen waren insgesamt mindestens 480 Personen als Wachleute oder Angehörige des Kommandanturstabs eingesetzt, darunter etwa 45 Frauen. Nur wenige mussten sich für ihre Taten vor Gericht verantworten. Die größte Aufmerksamkeit erregte der erste Belsen-Prozess der britischen Militärjustiz vom Herbst 1945.

Die Verbrechen von Wehrmachtsoldaten an den sowjetischen Kriegsgefangenen in Bergen-Belsen, Fallingbostel, Wietzendorf und Oerbke wurden von der Justiz nicht geahndet.

Militärtribunale

Unmittelbar nach der Befreiung des Konzentrationslagers Bergen-Belsen leitete die britische Militärjustiz eine Untersuchung der dort verübten Verbrechen ein. Die Ermittlungen richteten sich dabei in erster Linie gegen die etwa 80 im Lager verbliebenen Angehörigen des Lagerpersonals. Sie führten vier Monate später zur Eröffnung des ersten Nachkriegsprozesses gegen ehemaliges Personal nationalsozialistischer Konzentrationslager. Vom 17. September bis zum 17. November 1945 mussten sich 44 Männer und Frauen vor einem britischen Militärtribunal in Lüneburg für Verbrechen im Konzentrationslager Bergen-Belsen verantworten. Da viele der Angeklagten vor ihrer Versetzung nach Bergen-Belsen im Konzentrations- und Vernichtungslager Auschwitz tätig gewesen waren, beschloss das Gericht, die dort verübten Verbrechen ebenfalls zu behandeln.

Die Angeklagten Hertha Ehlert, Irma Grese und Ilse Lothe am 17. September 1945 (von links nach rechts) • Associated Press, Frankfurt am Main

Der erste Belsen-Prozess wurde in einer Turnhalle in Lüneburg verhandelt, 7. September 1945 • Imperial War Museum, London, Photograph Archive, BU 10374

Angeklagt waren neben dem ehemaligen Lagerkommandanten Josef Kramer 16 weitere SS-Männer, 16 Aufseherinnen des „SS-Gefolges" sowie elf frühere Funktionshäftlinge. Das Verfahren wurde nach britischem Militärstrafrecht geführt, die Anklage beschränkte sich auf den Straftatbestand der Kriegsverbrechen. Demgegenüber lautete die Anklage des Internationalen Militärtribunals gegen die Hauptkriegsverbrecher in Nürnberg im Jahre 1946 auch auf „Verbrechen gegen die Menschlichkeit" und „Verbrechen gegen den Frieden".

Weit über hundert Vertreter nationaler und internationaler Medien berichteten ausführlich über den Prozessverlauf in Lüneburg. Sie informierten die Öffentlichkeit nicht nur über das Massensterben von Bergen-Belsen, sondern erstmalig auch über die Vergasungen in Auschwitz-Birkenau. Nach zwei Monaten intensiver Zeugenbefragung verkündeten die Richter elf Todesurteile, unter anderem gegen Kramer, die Oberaufseherin Elisabeth Volkenrath sowie den letzten Lagerarzt Fritz Klein. Sie wurden am 13. Dezember 1945 im Zuchthaus von Hameln vollstreckt. 14 Angeklagte sprach das Gericht frei. In den übrigen Fällen verhängten die Richter Freiheitsstrafen zwischen einem und 15 Jahren, die jedoch zumeist im Zuge nachfolgender Revisionen und Gnadenerlasse erheblich reduziert wurden. Der letzte Verurteilte des Lüneburger Prozesses wurde im Juni 1955 vorzeitig aus der Haft entlassen.

Der Belsen-Prozess wurde in Großbritannien aufgrund der gewissenhaften Abwägung aller Aussagen und Beweisdokumente überwiegend positiv bewertet. Überlebende der Lager sowie Vertreter aus Frankreich und den Ländern unter sowjetischem Einfluss kritisierten die Urteile hingegen als zu milde.

LÜNEBURGER POST

NACHRICHTENBLATT DER ALLIIERTEN MILITÄRREGIERUNG

Preis 20 Pfg. | Dienstag, 18. September 1945 | Nr. 13

ANGEKLAGTE BEHAUPTEN: NICHTSCHULDIG

DER ERSTE VERHANDLUNGSTAG

Von unserem eigenen Korrespondenten. Lüneburg, 17. September

Am ersten Tage der Verhandlung gegen Kramer und Genossen erklärten sich alle Angeklagten nichtschuldig. Man erinnert sich: viele der britischen Soldaten, die am 18. April und in den folgenden Tagen nach Lüneburg kamen, waren durch Belsen gekommen. Ihr frischer Zorn und ihre unverfälschte Empörung über das Grausige, was sie gesehen hatten, mochten als erste Zeichen eines weltweiten Sturmes von Grauen und Entsetzen gelten, der nun seinen ernsten Höhepunkt erreicht hat, da den Schuldigen vor den Augen der ganzen Welt der Prozeß gemacht wird.

Die Einwohner Lüneburgs haben die Zurüstungen zu diesem Ereignis, das die Mauern der Stadt zu sprengen scheint, mit Spannung verfolgt, angefangen bei den ersten Bildern der Totengrube des Lagers Belsen, bei den Photographien einiger Angeklagter, den Berichten im Rundfunk bis zu den Tafeln an allen Hauptstraßen, die unwiderruflich den Weg zum Gerichtssaal zeigen.

Ein königlicher Erlaß an Feldmarschall Montgomery gibt dem britischen Oberkommandierenden das Recht, Militärgerichtshöfe zur Aburteilung von Kriegsverbrechern einzurichten. Das Gesetz, auf das die Anklage sich stützt, ist anerkanntes internationales Völkerrecht. Das ist ein Novum.

Vertreter aller Nationen, aus deren Mitte Staatsbürger zu den Opfern des berüchtigten Lagers gehörten, sind zu der Verhandlung eingeladen. Fast alle Länder der Welt haben Pressevertreter entsandt. Die Verhandlung dürfte drei bis vier Wochen dauern. Sechsunddreißig Zeugen sind bestellt, weitere können nach Bedarf geladen werden.

Das Urteil kann auf Tod — zu vollziehen durch Hängen oder durch Erschießen — lebenslängliches Gefängnis und Konfiskation des Eigentums lauten. Das Urteil bedarf der Bestätigung des Gerichtsherrn. Das Urteil ist endgültig, doch steht den Verurteilten das Recht auf ein Gnadengesuch zu.

Als Stütze der Anklage wird zu einem noch unbestimmten Zeitpunkt der Verhandlung ein Film über die Zustände im Lager Belsen in den Tagen seiner Befreiung vorgeführt werden.

Eröffnung

Vor dem Gerichtssaal warteten in gespanntem Schweigen Hunderte, die gerne die Angeklagten sehen möchten, die sich aber begnügen mußten mit dem Anblick zahlreicher Uniformen höherer Offiziere, der Korrespondenten verschiedener Länder und der streng kontrollierenden Militärpolizei.

Der Saal, über dem ebenfalls eine intensive Spannung lag, hat die nüchterne Feierlichkeit eines Gerichtsraumes. Die Scheinwerfer, dieselben, mit denen einmal die Baracken des Lagers Belsen angeleuchtet wurden, tauchen die ganze Szenerie, in der Khaki das Zivil weit überwiegt, in ein scharfes überhelles Licht. Hier vor der Rampe der Weltöffentlichkeit ziehen die grauenhafter Verbrechen beschuldigten Angeklagten auf mit verbissenen Gesichtern. Hinter ihnen erscheint das System auf der Anklagebank, als dessen Repräsentanten sie handelten und sich jeder Gerechtigkeit entzogen wähnten.

Ein ziviler Richter in Perücke und Talar verlas den Eröffnungsbeschluß und die Namen der fünf militärischen Richter, darauf die Namen der Angeklagten, schließlich die der Verteidiger, die je vier Angeklagte verteidigen. Zwei der Angeklagten sind im Augenblick nicht verhandlungsfähig. Vereidigt wurden darauf in feierlicher Form Richter, Protokollführer und Dolmetscher.

Die Anklage

Darauf folgte die Verlesung der Anklageschrift, die gleichzeitig in sehr präzises und klar gesprochenes Deutsch übersetzt wurde.

Die Angeklagten werden beschuldigt, zwischen 1. Oktober 1942 und 30. April 1945 im Kz. Bergen-Belsen als Mitglieder seiner Verwaltung und verantwortlich für das Wohl der dort Untergebrachten, die Gesetze des Rechts wie des Krieges verletzt zu haben, sich zusammengetan zu haben, alle Insassen übel zu behandeln. Dadurch haben sie den Tod eines britischen Staatsbürgers, zweier Ungarn, eines Franzosen, eines Holländers, eines Belgiers, eines Italieners, eines Staatsangehörigen von Honduras, die alle namentlich genannt wurden, darüber hinaus den weiterer Staatsangehöriger alliierter Länder unbekannten Namens verursacht. Ferner werden die Angeklagten der Mißhandlung namentlich genannter und namenloser Angehöriger der alliierten Länder beschuldigt.

Die Angeklagten wurden einzeln gefragt, ob sie sich schuldig bekennen. Alle antworteten: Nein!

Im Mittelpunkt der Nachmittagsverhandlung stand die Rede des Anklägers, der sich besonders mit Nr. 1 und Nr. 2 der Anklagereihe, Josef Kramer und dem Lagerarzt Dr. Klein, befaßte, und u. a. auch einging auf die Verhältnisse in dem Vernichtungslager Auschwitz.

Rückkehr zu normaler Wirtschaft

Erklärung Lord Keynes in Washington

Washington, 17. September.

Der Wunsch Großbritanniens, so rasch wie möglich im Interesse aller Länder nomale und möglichst freie Beziehungen im Welthandel wiederherzustellen, wurde auf einer Pressekonferenz in Washington von Lord Keynes, dem britischen Hauptdelegierten bei den britisch-amerikanischen Wirtschaftsbesprechungen, nachdrücklich hervorgehoben.

Hauptziel der anglo-amerikanischen Wirtschafts- und Finanzbesprechungen ist es, eine Lösung der Schwierigkeiten zu finden, die sich aus der Beendigung der Leih- und Pachtlieferungen infolge der Devisenknappheit Großbritanniens ergeben habe. Lord Keynes gilt bekanntlich als einer der führenden Nationalökonomen der Welt.

„In der gegenwärtigen Lage", so führte Lord Keynes aus, „bieten sich Großbritannien zwei Möglichkeiten für die künftige Gestaltung seiner Wirtschafts- und Handelspolitik:

Entweder wir konzentrieren uns darauf, die Hilfsquellen, die uns nach dem Krieg noch geblieben sind, bis zum äußersten auszuwerten und arbeiten uns mit einem Mindestmaß von auswärtiger Hilfe aus unseren gegenwärtigen Schwierigkeiten heraus. Dann müßten die Schutzmaßnahmen für unseren Handel und die wirtschaftlichen Kontrollmaßnahmen des Krieges aufrechterhalten bleiben. Wir müssen unser Einfuhrprogramm drosseln und von anderen Ländern nicht mehr Waren beziehen als sie selbst von uns kaufen.

Oder wir arbeiten zusammen mit den Vereinigten Staaten ein System aus, das eine möglichst rasche Rückkehr zu normalen Handelsbeziehungen unter einer ständig wachsenden Freiheit des Güteraustausches und einer Herabsetzung der Zollschranken ermöglicht. Das würde zu einer allgemeinen Ausweitung des Welthandels führen. Ich bin überzeugt, daß die Vereinigten Staaten und andere Länder ebenso wie wir selbst aus einer solchen Lösung weitaus größeren Nutzen ziehen würden."

Britische Arbeiter besuchen Deutschland

London, 17. September.

Die britische Gewerkschaftsorganisation ist ersucht worden, eine Delegation in britische Besatzungszonen zu entsenden, um die britischen Kontrollbehörden bei der Lösung schwieriger Arbeitsprobleme zu beraten. Dies erklärte gestern der britische Arbeitsminister George Isaacs in einer Rede auf dem britischen Gewerkschaftskongreß in Blackpool.

Die britische Gewerkschaftsdelegation soll verschiedene Teile der britischen Besetzungszone besuchen und an Hand der dort gewonnenen Einblicke und Erfahrungen den britischen Behörden in der Ueberprüfung von Arbeitsproblemen behilflich sein.

Friedensvertrag für Italien vorbereitet

London, 17. September.

Ende der Woche fanden in London zwei Sitzungen des Rats der Außenminister statt. Auf der Tagesordnung standen die Friedensbestimmungen für Italien. Dies wurde heute Abend in einem amtlichen Kommuniqué bekantgegeben. Es wurde beschlossen, diejenigen Mitglieder der Vereinten Nationen, die sich mit Italien in Kriegszustand befanden, aufzufordern, ihre Ansichten in dieser Angelegenheit schriftlich zu unterbreiten, falls sie dies wünschten. Fernet wurde beschlossen, an Jugoslawien, Italien, Australien, Kanada, Indien, Neuseeland und Südafrika die Aufforderung zu richten, je einen Vertreter zur Sitzung des Rats der Außenminister, am Montag, dem 17. September, zu entsenden, um dort die Auffassung ihrer Regierungen zur Frage der jugoslawisch - italienischen Grenzregelungen vorzutragen.

Aussprache-Richtlinien

Oeynhausen, 17. September

Als Verordnung Nr. 8 der Militärregierung für das britische Kontrollgebiet erscheinen Richtlinien, die im besonderen bedeutungsvoll sein werden für die Tätigkeit der Parteien, die jetzt wieder erlaubt sind. Die Verordnung hat folgenden Wortlaut:

Zur Regelung öffentlicher Aussprachen und anderer öffentlicher Tätigkeiten, für welche jetzt in weiterem Maße die Genehmigung der Militärregierung erteilt wird, ist folgendes verordnet:

I. Oeffentliche Aussprache

1. Oeffentliche Aussprachen, sei es bei einer öffentlichen Versammlung oder nicht, sind folgenden Einschränkungen unterworfen: Nichts darf gesprochen oder geschrieben werden, das a) geeignet ist, Haß oder Verachtung gegen die Militärregierung hervorzurufen oder Ungehorsam gegen die Befehle der Militärregierung zu fördern oder b) geeignet ist, eine der alliierten Mächte verächtlich zu machen, oder c) eine Beleidigung gegen die Militärregierung oder die Besatzungsstreitkräfte oder deren Mitglieder enthält, oder d) darauf ausgeht, Zwietracht unter den alliierten Mächten zu stiften.

Verboten ist ferner alles, was e) geeignet ist, ein Gericht oder einen Richter der Militärregierung verächtlich zu machen oder sein Ansehen herabzusetzen, oder f) das Verfahren eines Gerichtes der Militärregierung in der Wiedergabe entstellt oder geeignet ist, die Oeffentlichkeit für oder gegen eine Partei des Verfahrens zu beeinflussen, oder die Rechtsprechung in einer anderen Weise zu beeinträchtigen oder g) Krieg, Militarismus, Nationalsozialismus, Faschismus oder eine ähnliche Regierungsform oder führende Mitglieder der nationalsozialistischen oder faschistischen Regime verherrlicht, oder h) eine Person oder eine Gruppe von Personen auf Grund der Rasse, Farbe, Staatsangehörigkeit oder des Glaubensbekenntnisses befürwortet, oder benachteiligende Unterschiede gegen Personen fordert, die der Militärregierung oder den alliierten Mächten Hilfe geleistet haben oder noch leisten können, gegen das deutsche Recht verstößt, mit Ausnahme von solchen Teilen des Rechtes, die durch diese oder eine andere Bestimmung der Militärregierung außer Kraft gesetzt worden sind.

II. Verbot von Nazi- oder militärischer Tätigkeit

Die folgenden Tätigkeiten sind verboten: a) Jede Tätigkeit, die mittel- oder unmittelbar die Theorien, Prinzipien, Technik oder Mechanik des Krieges preist oder geeignet ist, Teilnehmer für einen Krieg vorzubereiten, b) der Gebrauch bei öffentlichen Versammlungen von Uniformen, Abzeichen, Fahnen, Bannern oder Kennzeichen, die den deutschen Streitkräften, der Nazipartei oder einer von der Militärregierung aufgelösten oder für gesetzwidrig erklärten Organisationen angehören oder mit ihnen in Zusammenhang stehen, c) der Gebrauch bei einer öffentlichen Versammlung von typischen nationalsozialistischen oder militärischen Grüßen, Gebärden, Schlagworten, Begrüßungen oder Marscharten.

Neues in Schlagzeilen

Die japanische Regierung hat sieben bezeichnete Kriegsverbrecher ausgeliefert, vier frühere Kabinettsmitglieder des Kabinetts Tojo haben sich freiwillig gestellt.

Der Oberbürgermeister von Amberg ordnete an, daß alles den Juden gestohlene Eigentum zurückgegeben werde.

Wirksamer Impfstoff gegen Grippe wurde im St. Mary-Krankenhaus in London entdeckt. Dieser macht in drei von vier Fällen Menschen gegen Grippe immun.

Neue Kürzungen der Lebensmittelrationen traten am Sonntag in England in Kraft.

Eine warme Mahlzeit täglich werden alle bedürftigen Münchener aus einer Gemeinschaftsküche erhalten.

Ein Bild: Deutschland von heute

Seht dieses Bild sorgfältig an, es enthält die Geschichte einer Nation. Im Schatten stehen die deutschen Frauen, ein Anblick, der durch ganz Europa eine bekannte Vorstellung geworden ist. Sie stehen an um die Rationen, die ihre Existenz bedeuten. Mütter und Frauen, Töchter und Großmütter warten mit der lange geübten Geduld solcher Stunden. Betrachtet ihre Gesichter, was mögen sie denken? Vielleicht erinnern sie, während sie so stehen und warten, die Worte Hermann Görings „Kanonen statt Butter", und in den Gesichtern dieser Frauen spiegeln sich die Reflexionen eines Volkes, das im Schatten seiner Vergangenheit steht.

Seht wieder hin, denn es ist auch Sonnenschein in diesem Bild. In dem Sonnenschein sitzen die zukünftigen Bürger Deutschlands, die Kinder der wartenden Frauen. Sie verspüren den Schatten der Vergangenheit nicht, wie es auch zu früh ist für sie, einen Eindruck der Zukunft zu haben. Heute halten diese Kinder Blumen, einen Apfel, eine Puppe, morgen müssen dieselben Hände die Zukunft Deutschlands halten in einer Welt, die sorgenvoll und mißtrauisch nach zwei großen Kriegen ist, einer Welt, in der vielleicht die Schatten schon zu lang sind.

Diese Reihe der Kleinen, die in der Sonne sitzen, machen die Aufgabe der Deutschen von heute völlig klar.

Titelseite der Lüneburger Post vom 18. September 1945

In zwei weiteren Militärgerichtsprozessen 1946 und 1948 standen nochmals neun Angehörige des Lagerpersonals von Bergen-Belsen vor Gericht. Diese Verfahren wurden von der deutschen und internationalen Öffentlichkeit jedoch kaum wahrgenommen.

Spruchgerichtsverfahren

Spruchgerichte waren auf Anweisung der Alliierten eingerichtet worden, um Personen abzuurteilen, die Mitglied der Gestapo, der SS oder anderer verbrecherischer Organisationen gewesen waren. Zwischen 1947 und 1949 wurden Spruchgerichtsverfahren gegen mindestens 46 ehemalige Angehörige des Wach- und Kommandanturpersonals des KZ Bergen-Belsen eingeleitet. Fast die Hälfte der Verfahren wurde durch die Anklagebehörden oder die Gerichte eingestellt, zumeist mit der Begründung, der Beschuldigte sei zwangsweise in die SS eingegliedert worden. In 16 Fällen wurden die Angeklagten zu Freiheitsentzug zwischen 120 Tagen und zweieinhalb Jahren oder zur Zahlung einer Geldstrafe verurteilt. Hier erklärten die Richter die Strafe aber aufgrund der zumeist mehrjährigen Internierung für bereits vollständig verbüßt, sodass die Verurteilten umgehend auf freien Fuß gesetzt wurden.

Prozesse vor deutschen Gerichten

Die deutsche Justiz führte nur ein Gerichtsverfahren durch, das in Bergen-Belsen verübte Straftaten zum Gegenstand hatte. In diesem Prozess des Landgerichts Jena wurde 1949 ein ehemaliger SS-Unterscharführer freigesprochen. Sowohl in der Bundesrepublik als auch in der DDR folgten danach keine weiteren Verfahren, die sich mit dem Thema auseinander setzten.

Die wenigen Ermittlungsverfahren, die von der zuständigen Staatsanwaltschaft Lüneburg eingeleitet wurden, endeten mit Einstellung. Ehemalige Angehörige des Lagerpersonals von Bergen-Belsen mussten sich vor deutschen Gerichten nur verantworten, wenn die Prozesse Verbrechen in anderen Konzentrationslagern behandelten, in denen sie ebenfalls eingesetzt gewesen waren. Zu dem, was sie in Bergen-Belsen gesehen oder getan hatten, wurden sie in der Regel nicht befragt.

Insgesamt sind mehr als 200 SS-Leute aus Bergen-Belsen namentlich bekannt, die nie vor einem Gericht gestanden haben.

Strafverfolgung von Wehrmachtsverbrechen

Der Internationale Militärgerichtshof in Nürnberg hatte in seinem Urteil 1946 die Behandlung der sowjetischen Kriegsgefangenen durch die Wehrmacht als Kriegsverbrechen verurteilt. Keiner der Wehrmachtsangehörigen, die in den Lagern Bergen-Belsen, Fallingbostel, Wietzendorf und Oerbke für den Tod der über 50 000 sowjetischen Kriegsgefangenen verantwortlich war, wurde vor Gericht gestellt.

Zwei Ermittlungsverfahren gegen Angehörige der Gestapo Hamburg wegen der „Aussonderung" von Kriegsgefangenen zur späteren Ermordung im KZ Sachsenhausen wurden 1970 und 1971 eingestellt.

Gedenkveranstaltung auf dem ehemaligen Lagergelände am ersten Jahrestag der Befreiung, 15. April 1946 • Imperial War Museum, London, Photograph Archive, BU 12581

Geschichte der Gedenkstätte Bergen-Belsen

Bereits 1945 errichteten Überlebende die ersten Gedenksteine und Mahnmale auf dem Gelände des ehemaligen Kriegsgefangenen- und Konzentrationslagers Bergen-Belsen. 1952 wurde die Gedenkstätte nach Errichtung eines Obelisken und einer Inschriftenmauer eingeweiht, 1966 ein erstes Dokumentenhaus eröffnet.

Über Jahrzehnte wechselten Phasen der Vernachlässigung mit Zeiten erhöhter Aufmerksamkeit. Erst Ende der 1980er Jahre begann die wissenschaftliche und pädagogische Arbeit vor Ort. 1990 und 2007 wurden jeweils neue Ausstellungen eröffnet, das historische Lagergelände wurde umgestaltet. Die Veränderungen der Gedenkstätte waren immer auch ein Ergebnis sich wandelnder politischer und gesellschaftlicher Verhältnisse.

Gedenkzeichen von Überlebenden 1945/46

Die ersten Gedenkzeichen auf dem ehemaligen Lagergelände setzten die Überlebenden selbst. An den Massengräbern stellten sie persönliche Tafeln und Gedenksteine auf. Im September 1945 errichteten jüdische DPs anlässlich des ersten Kongresses der befreiten Juden in der britischen Zone ein provisorisches Mahnmal aus Holz. Für die meisten der jüdischen Überlebenden war Bergen-Belsen nicht nur ein Ort der Trauer um die Toten, sondern symbolisch mit aktuellen politischen Zielen verknüpft: der Auswanderung nach Palästina und der Gründung des Staates Israel. Vertreter des jüdischen Zentralkomitees erhoben diese Forderungen auch anlässlich der Einweihung des ersten steinernen Mahnmals im April 1946.

Bundespräsident Heuss (rechts) bei der Einweihung der Gedenkstätte Bergen-Belsen, 30. November 1952 • Yad Vashem Archive, Jerusalem, The Rosensaft Collection, FA 187-391A

Die Siedlung Neu-Hohne, undatiert • Stiftung niedersächsische Gedenkstätten/Gedenkstätte Bergen-Belsen

Kurz nach der Befreiung des Konzentrationslagers hatte sich im DP-Camp auch ein polnisches Camp-Komitee konstituiert, unter anderem mit dem Ziel, das Gedenken an die ermordeten Landsleute wach zu halten. Am 2. November 1945 wurde in Anwesenheit von mehreren tausend Überlebenden und Vertretern des Vatikans ein Hochkreuz aus Holz eingeweiht.

Planung und Einweihung der Gedenkstätte 1946–1952

Die britische Militärregierung ordnete im Oktober 1945 die Planung eines angemessenen Gedenkortes an, nachdem sie in der Presse für den trostlosen Zustand des Lagergeländes scharf angegriffen worden war. Die Pläne für das Gelände umfassten lediglich den Bereich um die Massengräber und sahen eine friedhofsähnliche Anlage vor. Eine internationale Kommission empfahl im Sommer 1946 die Errichtung eines Obelisken und einer Inschriftenmauer. Im November 1952 wurde die Gedenkstätte mit einem international beachteten Staatsakt eingeweiht. In seiner Rede bezeichnete Bundespräsident Theodor Heuss den Obelisken als „Stachel im Fleisch der Erinnerung“ und rief die Deutschen dazu auf, nie zu vergessen, was hier geschehen war.

Von der Umgestaltung war unter anderem der nordöstliche Teil des früheren Lagerareals ausgenommen, wo sich vor allem der Verwaltungsbereich des Lagers befunden hatte. Dort blieben die Baracken stehen und wurden ab 1946 zur Unterbringung von Flüchtlingen, Ausgebombten, Umgesiedelten und Vertriebenen genutzt. Für wenige Jahre entstand die eigenständige Siedlung „Neu-Hohne“. Aufgrund der Ausdehnung des Truppenübungsplatzes mussten die etwa 350 Bewohner das Areal ab Mitte 1953 räumen. Die Baracken wurden abgebaut.

Postkarte Gedenkstätte Bergen-Belsen, 1950er Jahre • Niedersächsisches Landesarchiv – Hauptstaatsarchiv Hannover

Umgestaltung der Gedenkstätte und Errichtung des Dokumentenhauses 1960–1966

Im Verlauf der nächsten Jahre geriet der Erinnerungsort Bergen-Belsen immer stärker in Vergessenheit. Die Gedenkstätte war schlecht gepflegt und wurde wenig beachtet. In das Bewusstsein der Öffentlichkeit rückte Bergen-Belsen erst wieder in den Jahren 1957 bis 1959. Mehrere Tausend Jugendliche besuchten den Todesort von Anne Frank. Diese „Pilgerreisen" wurden insbesondere von der Gesellschaft für christlich-jüdische Zusammenarbeit in Hamburg organisiert.

Zwei junge Männer beschmierten in der Weihnachtsnacht 1959 die Kölner Synagoge mit antisemitischen Parolen. Die Aktion war das Vorbild für zahlreiche ähnliche Taten in den folgenden Wochen und löste international Bestürzung aus. Als Reaktion auf diese „antisemitische Schmierwelle" besuchte Bundeskanzler Konrad Adenauer auf Vorschlag von Nahum Goldmann, Präsident des Jüdischen Weltkongresses, zum ersten Mal ein ehemaliges Konzentrationslager. Adenauer versicherte am 2. Februar 1960 in Bergen-Belsen allen Juden in Deutschland, dass sie „die Sicherheit und die Achtung genießen, auf die sie wie jeder andere freie Mensch ein Anrecht haben". Durch die Rede Adenauers wurde Bergen-Belsen in der deutschen Öffentlichkeit nun als vorwiegend jüdischer Erinnerungsort wahrgenommen.

Die Gedenkstätte wurde in den Jahren 1960/61 erheblich umgestaltet, nachdem sich der niedersächsische Innenminister Otto Bennemann beharrlich dafür eingesetzt hatte. Im Jahre 1966 wurde ein „Dokumentenhaus" eröffnet. Hier präsentierte eine Dauerausstellung die Geschichte der Judenverfolgung vor allem am Beispiel der Niederlande, ergänzt um eine Übersicht zur Geschichte des Konzentrationslagers Bergen-Belsen. Es war eine der ers-

Die Ausstellung von 1966 im Dokumentenhaus der Gedenkstätte Bergen-Belsen, undatiert • Stiftung niedersächsische Gedenkstätten/Gedenkstätte Bergen-Belsen

ten Dauerausstellungen in der Bundesrepublik Deutschland zur Geschichte der nationalsozialistischen Verbrechen. Die während des Kalten Krieges entstandene Ausstellung thematisierte jedoch nicht das Kriegsgefangenenlager und das Schicksal der sowjetischen Kriegsgefangenen.

Nach der Eröffnung des Dokumentenhauses blieb Bergen-Belsen eine Gedenkstätte ohne wissenschaftliches und pädagogisches Personal. Lediglich ein Hausmeister betreute die zentrale Gedenkstätte des Landes Niedersachsen. Aktive Erinnerungsarbeit fand nur von Seiten der Überlebenden statt. Sie unternahmen regelmäßige Fahrten nach Bergen-Belsen und organisierten Gedenkfeiern. Durch Mahnmale, Bücher und Berichte hielten sie in ihren Heimatländern die Erinnerung wach.

Gedenken und Politik in den 1980er Jahren

Im Oktober 1979 wurde in Bergen-Belsen zum ersten Mal in Deutschland offiziell an den Völkermord an den Sinti und Roma erinnert. Die Präsidentin des Europäischen Parlaments, Simone Veil, hielt die Gedenkrede. Sie selbst hatte als Jüdin Auschwitz und Bergen-Belsen überlebt.

Seit Anfang der 1980er Jahre nutzten verschiedene gesellschaftliche Gruppen die Gedenkstätte als Ort für Kundgebungen. Mitglieder der Friedensbewegung veranstalteten Schweigemärsche nach Bergen-Belsen und hielten Gedenkveranstaltungen ab. Die Gedenkstätte war Ort von Demonstrationen, so unter anderem 1983 bei der Gegenveranstaltung zu einem NPD-Bundesparteitag in Fallingbostel. Im März 1985 gründeten Bürgerinnen und Bürger die Arbeitsgemeinschaft Bergen-Belsen e.V., um den Erinnerungs-

Simone Veil auf der Gedenkkundgebung zu Ehren der ermordeten Sinti und Roma, 27. Oktober 1979 • Foto Friedrich Stark

US-Präsident Ronald Reagan besucht die Gedenkstätte Bergen-Belsen, 5. Mai 1985 • Cellesche Zeitung

ort wieder in das öffentliche Bewusstsein zu rufen. Die Mitglieder sind ehrenamtlich aktiv und engagieren sich bis heute mit eigenen Führungen, Veranstaltungen und Gedenkprojekten.

Bergen-Belsen war auch Schauplatz nationaler und internationaler Gedenkinszenierungen. Im Jahr 1985 fanden hier gleich zwei Ereignisse mit großem Medienecho statt. Am 21. April übertrug das ZDF eine internationale Gedenkstunde zum 40. Jahrestag der Befreiung, an der sowohl Bundespräsident Richard von Weizsäcker als auch Bundeskanzler Helmut Kohl teilnahmen. Am 5. Mai sprach US-Präsident Ronald Reagan in der Gedenkstätte und legte einen Kranz nieder. Reagan besuchte am gleichen Tag einen Soldatenfriedhof in Bitburg, was im Vorfeld auf breite Ablehnung gestoßen war, da dort auch SS-Mitglieder bestattet sind. Der Besuch in Bergen-Belsen sollte diese Kritik entkräften.

Umgestaltung der Gedenkstätte 1985–1990

Die Veranstaltungen lenkten den Blick der Weltöffentlichkeit auf den nicht mehr zeitgemäßen Zustand der Gedenkstätte. 1985 beschloss der Niedersächsische Landtag einstimmig eine Erweiterung des Dokumentenhauses sowie eine Besucherbetreuung vor Ort. Im April 1990 konnte im erheblich erweiterten Dokumentenhaus eine neue Dauerausstellung eröffnet werden. Sie stellte die Geschichte des Lagers Bergen-Belsen im Kontext der Gesamtgeschichte der NS-Verfolgung dar und berücksichtigte nun auch das Kriegsgefangenenlager. Aufgrund vielfältiger Proteste war bereits 1987 zwischen dem Gelände der Gedenkstätte und dem Kriegsgefangenenfriedhof Bergen-Belsen (Hörsten) ein öffentlicher Fußweg angelegt worden.

Nach 1990 konnten zahlreiche neue Kontakte zu Überlebenden des Kriegs-

Weg vom Dokumentationszentrum auf den Friedhof und das historische Lagergelände, 2007 • Foto Klemens Ortmeyer

gefangenen- und Konzentrationslagers Bergen-Belsen, zu ehemaligen Bewohnern des DP-Camps sowie zu Angehörigen und weiteren Zeitzeugen hergestellt werden. Die politische Liberalisierung in Osteuropa ermöglichte die Kontaktaufnahme mit Personen und Institutionen vor allem in Polen, der ehemaligen Sowjetunion und Ungarn.

Neugestaltung der Gedenkstätte

Seit 2000 wird das Gesamtprojekt einer Neugestaltung der Gedenkstätte Bergen-Belsen durch das Land Niedersachsen und aus Mitteln des Bundes gefördert. Weltweite Archivforschungen sowie eine umfangreiche Erweiterung der Sammlung mit Zeugnissen zur Geschichte des Ortes wurden dadurch möglich. Im Rahmen mehrerer Projekte entstand unter anderem eine bedeutende Quellensammlung mit inzwischen über 350 lebensgeschichtlichen Videointerviews mit Überlebenden des Konzentrations- und des Kriegsgefangenenlagers sowie ehemaligen Bewohnern des Displaced Persons Camps. Zugleich wurde beschlossen, ein Dokumentationszentrum mit einer neuen Dauerausstellung zu errichten und das gesamte frühere Lagerareal in das Gedenkstättengelände einzubeziehen. Das Dokumentationszentrum konnte am 28. Oktober 2007 im Beisein zahlreicher Überlebender sowie deren Angehörigen eröffnet werden. Die Umgestaltung des Gedenkstättengeländes soll bis Ende 2011 abgeschlossen sein.

Gedenkstätte Bergen-Belsen: Massengräber, Mahnmale, Gedenksteine, 2008 • Stiftung niedersächsische Gedenkstätten/Gedenkstätte Bergen-Belsen

Historische Orte

Bergen-Belsen: Friedhof und historisches Lagergelände

Der Ort des früheren Kriegsgefangenen- und Konzentrationslagers Bergen-Belsen ist heute ein Friedhof. Die Toten des Konzentrationslagers wurden nach der Befreiung des Lagers auf dem Lagergelände bestattet, Mahnmale und Gedenksteine erinnern an ihr Leiden und Sterben.

Die Landschaftsgestaltung der Gedenkstätte verdeutlicht den Umgang mit dem Ort seit 1945: Erinnert im einen Teil nichts mehr an die Architektur des Lagers, finden sich im anderen bauliche Relikte sowie landschaftsgestalterische Elemente, die den Lagerbau nachzeichnen.

Gräber, Mahnmale, Erinnerungszeichen

Massengräber

In dreizehn Massengräbern liegen die Toten begraben, die in den letzten Wochen vor und unmittelbar nach der Befreiung auf dem Gelände des Konzentrationslagers umkamen. Als britische Truppen am 15. April 1945 im Lager eintrafen, fanden sie mehr als 10 000 unbestattete Leichen, die sie wegen Seuchengefahr in höchster Eile in rasch ausgehobenen Gruben auf dem Lagergelände beerdigten. Die genaue Zahl der Toten ist ebenso wenig bekannt wie die Namen der meisten Opfer. Viele waren Juden. Bergen-Belsen zählt zu den größten jüdischen Friedhöfen Mitteleuropas.

Landschaft

Nach der Bestattung der Toten und dem Verbrennen der meisten Baracken war das Gebiet um die Massengräber eine verlassene Trümmerlandschaft. Die flachen

Das Gelände der Gedenkstätte 1946. Holztafeln kennzeichnen die Massengräber. Im Hintergrund das von polnischen Überlebenden errichtete Holzkreuz. • Stiftung niedersächsische Gedenkstätten/Gedenkstätte Bergen-Belsen

Massengräber waren kaum kenntlich. Einige der Baracken standen noch, zudem waren Zäune, Straßen, Leitungen, Wachtürme und Teile des Krematoriums übrig geblieben.

Die 1945 und 1946 vorgelegten landschaftsplanerischen Entwürfe für eine Gedenkstätte sahen eine friedhofsähnliche Anlage vor. Dabei sollte nicht das komplette, etwa 55 Hektar große frühere Lagerareal einbezogen werden, sondern nur der Bereich rund um die Massengräber. Die Architektur des Lagers und noch vorhandene Bauten sollten nicht berücksichtigt werden – gegen den Wunsch des Zentralkomitees der befreiten Juden in der britischen Zone. In dem zur Umgestaltung vorgesehenen, etwa 400 mal 800 Meter großen Gebiet wurden die baulichen Reste beseitigt, die Massengräber zu etwa anderthalb Metern hohen Hügeln aufgeschüttet sowie Sträucher und Bäume gepflanzt. Ein monumentales Mahnmal prägt diese Landschaft: Ein 26 Meter hoher Obelisk und eine 50 Meter lange Inschriftenmauer.

Erneute tiefgreifende Umgestaltungen fanden Anfang und Mitte der 1960er Jahre statt: Das Areal der Gedenkstätte wurde etwas erweitert, der Haupteingang und der Parkplatz an den heutigen Ort verlegt, ein Rundweg angelegt, die Massengräber mit flachen Mauern eingefasst und großflächige Anpflanzungen vorgenommen. So präsentiert sich heute auf zwei Dritteln der früheren Lagerfläche eine parkähnliche Heidelandschaft, die vom Lager nichts mehr erkennen lässt.

In dem Bereich des früheren Lagers, der nicht in diese Gestaltungen einbezogen war, standen noch bis in die 1950er Jahre Baracken. Nach deren Demontage wurde das Gelände aufgeforstet und als Teil des angrenzenden NATO-Truppenübungsplatzes bis in die 1990er Jahre überwiegend forstwirtschaftlich genutzt.

Mahnmal der polnischen Überlebenden: das 1945 eingeweihte Holzkreuz, 2010 • Stiftung niedersächsische Gedenkstätten/Gedenkstätte Bergen-Belsen

Jüdisches Mahnmal und Gedenksteine, 2010 • Stiftung niedersächsische Gedenkstätten/Gedenkstätte Bergen-Belsen

1991 begannen hier verschiedene niedersächsische Jugendverbände – koordiniert durch den Landesjugendring Niedersachsen und die Arbeitsgemeinschaft Bergen-Belsen e.V. – mit der Freilegung von Fundamentresten. Diese baulichen Relikte wurden 1995 durch neue Wege zugänglich gemacht. Offiziell kam dieser Bereich des früheren Lagers erst 2009 zum Areal der Gedenkstätte hinzu.

Mahnmale und Denkmale von Überlebenden und Angehörigen

Schon früh errichteten polnische und jüdische Überlebende zwei Mahnmale: Von jüdischer Seite wurde am 25. September 1945 ein provisorisches hölzernes Mahnmal zwischen den Massengräbern enthüllt. Die Einweihung fand im Rahmen des ersten Kongresses der befreiten Juden in der britischen Zone statt. Ein halbes Jahr später, am ersten Jahrestag der Befreiung im April 1946, übergaben sie der Öffentlichkeit ein steinernes Denkmal mit hebräischer und englischer Inschrift. Das Komitee wählte als zentrale Mahnung den Satz: „Earth Conceal Not The Blood Shed On Thee!" („Erde, verdecke nicht das Blut, das auf dir vergossen wurde!"). An diesem Mahnmal findet seither jährlich im April das jüdische Totengedenken statt.

Überlebende aus Polen weihten am 2. November 1945, zum katholischen Feiertag Allerseelen, ein hölzernes Hochkreuz ein. Sie errichteten es am Rand der Massengräber an der höchsten Stelle des Geländes. Mehrfach erneuert, ist es in seiner Form und Größe bis heute erhalten.

Neben diesen Mahnmalen hatten Hinterbliebene in Erinnerung an ihre anonym begrabenen Verwandten und Freunde schon früh etliche Gedenksteine oder hölzerne Kreuze im Bereich der Massengräber aufgestellt. Heute finden sich über 100 dieser symbolischen Grabsteine, noch immer kommen neue hinzu. 2001 wurde

Inschriftenmauer des internationalen Mahnmals, 2010 • Stiftung niedersächsische Gedenkstätten/Gedenkstätte Bergen-Belsen

Einzelgräber. Rechts das Grab von Pawełek Przeworski, 2010 • Stiftung niedersächsische Gedenkstätten/Gedenkstätte Bergen-Belsen

für die Gedenkzeichen ein separater Bereich angelegt. Der für die Schwestern Anne und Margot Frank 1999 aufgestellte Stein befindet sich in der Nähe des jüdischen Mahnmals.

Obelisk und Inschriftenmauer

Das von der britischen Militärregierung 1946 geforderte Mahnmal sollte an die Opfer aller Nationen erinnern. Britische Vertreter und eine internationale Kommission einigten sich auf die Errichtung eines Obelisken und einer Inschriftenwand. Die Mauer trägt heute Inschriften vieler der Staaten, die Opfer in Bergen-Belsen zu beklagen hatten: Dänemark, Polen, Belgien, die Niederlande, die Tschechoslowakei, Deutschland, Großbritannien, Frankreich, Norwegen, Italien, die Sowjetunion und Ungarn. Außerdem sind Inschriften in Jiddisch, Hebräisch und Lateinisch vorhanden. 1981 wurde ein Text zum Gedenken an die ermordeten Sinti hinzugefügt.

Seit 1999 ist das Mahnmal um drei Bronzetafeln erweitert worden. Eine Gedenktafel erinnert an die Kriegsgefangenen sowie an die KZ-Häftlinge, die aus religiösen, sozialen oder politischen Gründen verfolgt wurden und im KZ Bergen-Belsen umkamen: Juden, Sinti und Roma, Zeugen Jehovas, Homosexuelle, politische Gegner des Nationalsozialismus sowie „Opfer der Zerstörung des Rechts“. Zwei weitere Tafeln der polnischen und der niederländischen Regierung erinnern an die KZ-Opfer aus diesen Ländern.

Einzelgräber

Auf dem Areal der Gedenkstätte liegen auch 15 Tote in Einzelgräbern bestattet. Zwölf der Gräber wurden Anfang der 1960er Jahre zu einem Ensemble zusammengelegt, nachdem sich einige ursprünglich am Rand der Gedenkstätte auf dem Gebiet des Truppenübungsplatzes befanden. Auch hier sind nur wenige der Toten namentlich bekannt, unter anderen Tosia Grünberg aus Tarnów (Polen), die wenige Tage nach der Befreiung 24jährig verstarb und Pawełek Przeworski aus Warschau, der im April 1945 im Alter von 15 Jahren ums Leben kam.

Haus der Stille

Außerhalb der Grenzen des früheren Lagers – aber nur wenig abseits von Massengräbern, Obelisk und jüdischem Mahnmal – steht das „Haus der Stille". Es wurde im April 2000 der Öffentlichkeit übergeben. Die konfessionsneutral gehaltene, begehbare Skulptur ist nach Entwürfen des Künstlerehepaars Ingema Reuter und Gerd Winner gebaut. Die Initiative ging auf einen privaten Förderverein zurück, dem Vertreter der Landes- und Kommunalpolitik, der verschiedenen Konfessionen Niedersachsens sowie mehrere Stiftungen und Unternehmen angehörten.

Landschaftszeichen, bauliche Relikte

Seit 2007 führt ein „steinerner Weg" vom Vorplatz der Gedenkstätte durch das Dokumentationszentrum hindurch und leitet die Besucherinnen und Besucher auf das ehemalige Lagerareal, entlang am Kopf des Gebäudes, der über der früheren Lagergrenze schwebt. Den Zaunverlauf kennzeichnet heute eine zehn Meter breite Waldschneise. Der Weg führt an einem Massengrab vorbei über den Ort, wo sich zwischen 1943 und Januar 1945 der Appellplatz des Sternlagers befand. Er endet in der geografischen Mitte des früheren Lagers. Von dort erschließen sich die Dimensionen: Das Lager durchmaß von Ost nach West etwa 1200 Meter, von Nord nach Süd über 500 Meter.
Auf einem flachen Plateau ermöglichen zwei Reliefmodelle eine vergleichende Orientierung zwischen der Lagerarchitektur im Herbst 1944 und der heutigen Gedenkstätte. Auch die landschaftliche Zweiteilung des Geländes wird an dieser Stelle deutlich: Westlich öffnet sich die Parklandschaft der 1952 eingeweihten Gedenkstätte, östlich und nördlich befinden sich Waldgebiete.

Das Plateau mit den Modellen liegt zentral auf einem 70 Meter breiten Rasenkorridor, dessen Verlauf sich an der historischen Lagerarchitektur von September 1944 orientiert. Die Waldränder markieren die Zauntrassen des KZ und – auf der gegenüberliegenden Seite – des Kriegsgefangenenlazaretts. Am nordöstlichen Ende des Rasenstreifens befand sich der Lagerhaupteingang, am südwestlichen Ende das Krematorium. Wenige Meter vor den Zaunanlagen und Baracken des Konzentrationslagers verlief die Hauptlagerstraße. Die kaum befestigte Piste, beiderseits durch flache Rinnen begrenzt, durchquerte das Lager von Ost nach West. Ihre Streckenführung stimmt teilweise mit einem heute vorhandenen Schotterweg überein.

Im östlichen und nördlichen Teil des ehemaligen Lagergeländes sind noch Relikte sichtbar, insbesondere Löschwasserbecken, Fundamente und Fußböden von Baracken, Latrinen- und Kanalschächte sowie die Reste eines Desinfektions- und Badgebäudes.

Löschwasserbecken und Gemüsekeller

Die Löschwasserbecken befanden sich immer in unmittelbarer Nähe der Lagerküchen. Eines dieser Becken liegt unweit des Plateaus, die dazugehörige Küche ist nicht mehr vorhanden. Direkt benachbart befinden sich aber noch die Reste eines anderen Baus, den die SS zwischen Herbst 1943 und September 1944 errichten ließ. Das Gebäude diente zur Lagerung von Lebensmitteln und wurde daher später „Gemüsekeller" genannt. Hier waren verschiedene Häftlingskommandos zur Arbeit eingesetzt.

Ehemalige Häftlinge auf der Hauptlagerstraße am 28. April 1945. Fotograf Sergeant Gwin, U.S. Army Signal Corps • National Archives and Records Administration (NARA), Washington DC

Der Blick über den Rasenkorridor vom gleichen Standort aus, 2008 • Stiftung niedersächsische Gedenkstätten/Gedenkstätte Bergen-Belsen

Baracken 9 und 10

Nur wenige Meter von diesem großen Nahrungsmitteldepot entfernt befanden sich Unterkünfte für die Kriegsgefangenen beziehungsweise KZ-Häftlinge. Die Fundamente und Überreste der Fußböden von zwei Baracken liegen auf der anderen Seite des Schotterwegs. Mit dem Bau dieser Steinbaracken wurde 1941 begonnen, als die Wehrmacht das Areal des Kriegsgefangenenlagers erweiterte. Jeweils 900 Gefangene sollten in einer Baracke Platz finden. Nach der Übernahme des südlichen Lagerkomplexes durch die SS und mit der Einrichtung des Konzentrationslagers im April 1943 wurde die östliche Baracke (Baracke 9) vermutlich unter anderem als Depot für Werkzeuge und Nahrungsmittel genutzt. Im hinteren Bereich entstand ein Anbau für Schweinehaltung. Eine Zaunanlage trennte die Baracke von den benachbarten Häftlingsunterkünften. Die andere Baracke (Baracke 10) diente zur Einquartierung von Häftlingen – bis Januar 1945 für verschiedene Abteilungen des Austauschlagers, anschließend bis zur Befreiung als Teil des Männerlagers.

Die Lebensumstände in den beiden Baracken werden von ehemaligen Kriegsgefangenen und KZ-Häftlingen eindrücklich geschildert. Von Anfang an waren die Baracken feucht und zugig sowie im Sommer heiß und im Winter kaum zu heizen. In den letzten Monaten des Lagers war auch Baracke 10 vollkommen überbelegt. Kurz vor der Befreiung nutzte die SS einzelne Abschnitte zur Lagerung von Leichen.

Latrinen

Etwa 100 Meter hinter den Fundamenten von Baracke 9 und 10 befinden sich Reste von Latrinenanlagen. Erhalten sind die Betonschächte. Über den Gruben befanden sich Bretter mit Abortlöchern, die ganze Anlage überdachte eine Baracke. Häftlingskommandos mussten die

Baracke 9: Estrichfußboden und Fundamente von Zwischenwänden, 2008 • Stiftung niedersächsische Gedenkstätten/Gedenkstätte Bergen-Belsen

28. April 1945: Links Baracke 9, rechts Baracke 10. Im Hintergrund eine Latrinenbaracke, deren Schächte heute noch erhalten sind. Fotograf Sergeant Gwin, U.S. Army Signal Corps • National Archives and Records Administration (NARA), Washington DC

Latrinenschächte entleeren. Josef Weiss, stellvertretender Lagerältester im Sternlager, schrieb wenige Monate nach seiner Befreiung 1945: „Eine besonders beliebte Anordnung [...] war, Frauen in die Latrinen herabsteigen zu lassen, sodass sie bis zum Halse darin stehen mussten. Reu [SS-Oberscharführer Fritz Rau] dagegen ging noch weiter und tauchte in der Kläranlage die Menschen des sogenannten Klärkommandos mit dem Kopf unter. Viele der in diesem Kommando arbeitenden Menschen starben dadurch an T.B.C. und Leberkrankheiten [...].“

Entlausung und zentrales Duschbad

Im NS-Lagerbetrieb gab es technisch recht aufwändig konstruierte Anlagen zur Desinfektion von Kleidung. Die Reste eines Gebäudes mit einer solchen Ausstattung befinden sich im nordöstlichen Teil des ehemaligen Lagers. In der „großen Entlausung“ wurde die Kleidung der Häftlinge und Kriegsgefangenen entseucht, im gleichen Komplex befand sich auch das zentrale Duschbad des Lagers. Die Wehrmacht ließ den etwa 900 Quadratmeter großen Bau 1942 errichten, nachdem die Kapazitäten einer ersten Anlage nicht mehr ausreichten. Zur Kleiderdesinfektion wurde ein spezielles Heißluftverfahren angewandt und für den Betrieb wurden verschiedene Arbeitskommandos eingesetzt. Die Kapazitäten der Anlage und des zentralen Bades reichten aber für effiziente hygienische Lagerbedingungen nicht aus. Zudem schildern zahlreiche Überlebende das Duschen und die Entlausung ihrer Kleidung als eine entwürdigende und zumeist krankheitsfördernde Prozedur.

Lagerhaupteingang

Am Ende des Schotterwegs, nahe der Landstraße, befindet sich heute eine Schranke. Sie steht – zufällig – an dem Ort, wo einst der Haupteingang des Lagers

Fußboden und Schächte der Latrine hinter Baracke 10, 2003 • Stiftung niedersächsische Gedenkstätten/Gedenkstätte Bergen-Belsen

Fundamente der früheren „großen Entlausung", 2009 • Stiftung niedersächsische Gedenkstätten/Gedenkstätte Bergen-Belsen

war. Neben dem Schlagbaum zum Lager stand eine kleine Holzbaracke, in der die Wache saß. Die meisten der KZ-Häftlinge und Kriegsgefangenen gelangten durch diesen Eingang in das Lager, außerdem gab es zwei weitere Nebeneingänge. Nach Passieren der Schranke musste auf der Hauptlagerstraße zunächst der Verwaltungsbereich des Lagers durchquert werden, um in den eigentlichen Häftlings- bzw. Gefangenenbereich zu gelangen. An dieser Grenze befand sich ein weiteres Tor. Der Norweger Arne Moi, der im Februar 1945 in das KZ Bergen-Belsen gebracht wurde, beschreibt in seinen Erinnerungen den ersten Eindruck beim Betreten des Häftlingsbereichs: „Vor uns breitete sich das verkommenste und dreckigste Gelände aus, das wir je gesehen hatten. Niedrige graue Baracken, die sicher noch nie der Pinsel eines Malers berührt hatte. Es war, als seien sie der Jammer selbst und infizierten mit ihm die ganze Umgebung. Rostiger Stacheldraht, schlaff auf schiefen Holzpfählen. Sogar der Haupteingang [gemeint ist das Tor zum Häftlingsbereich], auf den die Deutschen sonst immer viel Mühe verwendeten, bestand nur aus morschen Rundhölzern, und die Torflügel waren Rahmen aus zusammengenagelten Brettern, über die Stacheldraht gezogen war."

Das Portal des Kriegsgefangenenfriedhofs Bergen-Belsen 1946. Auf der Rückseite des Ehrenmals, den Gräbern zugewandt, befand sich das Relief der „Trauernden". • Stiftung niedersächsische Gedenkstätten/Dokumentationsstelle Celle

Historische Orte

Kriegsgefangenenfriedhof Bergen-Belsen (Friedhof Hörsten)

Etwa 600 Meter vom ehemaligen Lager entfernt liegt der Friedhof mit den Opfern des Kriegsgefangenenlagers und -lazaretts Bergen-Belsen. Zwischen 1941 und 1945 wurden hier mindestens 19 580 sowjetische und neun polnische Kriegsgefangene sowie 142 italienische Militärinternierte begraben. Infolge des Massensterbens der sowjetischen Kriegsgefangenen im Winter 1941/42 datieren die meisten Gräber in diese Zeit. Allein bis Ende März 1942 kamen knapp 14 000 Gefangene um.

Die Toten wurden zumeist in Massengräbern beerdigt. Arbeitskommandos transportierten die Leichen aus dem Lager, hoben die Gruben aus und führten die Begräbnisse durch. Einzelbestattungen erhielten die verstorbenen sowjetischen Kriegsgefangenen nur in den ersten Monaten so wie auch später die italienischen Militärinternierten und polnischen Gefangenen.

1945/46 ließ die sowjetische Militärmission den Friedhof gestalten. Zentrales Element war der aufwändig arrangierte Eingangsbereich, der aus einem Tor und einem Mahnmal bestand. Das Relief auf dem Ehrenmal mit dem Abbild einer „Trauernden" schuf der ukrainische Bildhauer Mykola Muchin.

Die Abteilung mit den Gräbern der italienischen Militärinternierten bestand nur bis 1958. Die Toten wurden auf den italienischen Ehrenfriedhof in Hamburg-Öjendorf umgebettet und das ursprünglich etwa 250 mal 130 Meter große Areal des Friedhofs entsprechend verkleinert.

Der Kriegsgefangenenfriedhof Bergen-Belsen, im Vordergrund das Grab von Elżbieta Głazowska, 2010 • Stiftung niedersächsische Gedenkstätten/Dokumentationsstelle Celle

Das sowjetische Ehrenmal mit der Replik der „Trauernden" am heutigen Standort, 2010 • Stiftung niedersächsische Gedenkstätten/ Dokumentationsstelle Celle

Unter Beteiligung des Volksbundes Deutsche Kriegsgräberfürsorge erhielt der Friedhof zwischen 1964 und 1968 sein aktuelles Aussehen. Die Massen- und Einzelgräber wurden durch flache Hügel optisch zusammengefasst und neue Wege zum Teil über die Gräber hinweg angelegt. Teilnehmer internationaler Jugendbegegnungen halfen, die Anlage mit einem Wall einzugrenzen. Der Eingang des Friedhofs wurde verlegt und das Ehrenmal mit der „Trauernden" kam an eine abgelegene Stelle am Rand des Friedhofs. Im Zentrum der neugestalteten Anlage ließ der zuständige Präsident des Regierungsbezirks Lüneburg 1968 einen Gedenkstein aufstellen.

1980 zerstörten Unbekannte das Relief der „Trauernden". Am heutigen Standort ist seit 1981 eine Nachbildung zu sehen. Das restaurierte Original befindet sich in der Dauerausstellung der Gedenkstätte Bergen-Belsen.

Die Grablagen der polnischen Opfer sind bekannt, so etwa das Grab von Elżbieta Głazowska. Sie beteiligte sich als Soldatin der „Armia Krajowa" (Heimatarmee) am Warschauer Aufstand 1944 und starb am 3. Januar 1945 im Kriegsgefangenenlazarett Bergen-Belsen.

Die von der Wehrmacht geführten Personalakten der sowjetischen Gefangenen wurden nach dem Krieg entsprechend der Genfer Konvention in die Sowjetunion gebracht und dort in Archiven der Armee und des Geheimdienstes verwahrt. Erst seit Mitte der 1990er Jahre sind die Akten der Verstorbenen im Zentralarchiv des Verteidigungsministeriums der Russischen Föderation in Podolsk bei Moskau zugänglich, sodass nun die Namen der Toten ermittelt werden können.

Kriegsgefangenenfriedhof Oerbke, im Hintergrund das 1964 errichtete Mahnmal, 2010
• Stiftung niedersächsische Gedenkstätten/Dokumentationsstelle Celle

Historische Orte

Kriegsgefangenenfriedhof Oerbke

Am westlichen Rand des Truppenübungsplatzes Bergen befindet sich der Friedhof mit den Opfern der Kriegsgefangenenlager Fallingbostel und Oerbke. Hier sind mindestens 14 000 sowjetische Kriegsgefangene und Soldaten anderer Nationen bestattet, die zwischen 1940 und 1945 in den beiden Lagern starben.

Ursprünglich gab es am Ort zwei Friedhöfe. Anfang 1940 wurde etwa 500 Meter vom Lager Fallingbostel entfernt ein Friedhof für die dort gestorbenen Gefangenen angelegt. Es handelte sich vor allem um Polen, Franzosen, Belgier, Jugoslawen und Italiener.

1941 wurde mit der Einrichtung des Lagers Oerbke ein separater Friedhof für die verstorbenen sowjetischen Kriegsgefangenen eingerichtet. Dieser zweite Friedhof grenzte unmittelbar an den ersten. Allein bis Frühjahr 1942 kamen durch Entkräftung und Krankheiten etwa 12 000 der sowjetischen Gefangenen um. Sie wurden überwiegend in Massengräbern beigesetzt.

Die sowjetische Militärmission veranlasste 1945 die Gestaltung der etwa 1,5 Hektar großen Anlage. Wie auch später für den Kriegsgefangenenfriedhof Bergen-Belsen fertigte der ukrainische Bildhauer Mykola Muchin ein Marmorrelief als Bestandteil des zentralen Mahnmals. Die Einweihungsfeier des Denkmals fand am 3. Juli 1945 statt.

1958 wurde der erste, 1940 angelegte Friedhof mit insgesamt 743 Einzelgräbern aufgelöst. 127 Tote wurden auf den benachbarten Friedhof mit den sowjetischen

Das sowjetische Mahnmal in Oerbke, 1945. Über einem aufgeschlagenen Buch mit russischer Inschrift war das Relief eines Gefangenen zu sehen. • Russisches Staatsarchiv für Sozial- und Politikgeschichte (RGASPI), Moskau

Das Gebäude der früheren Entlausung des Lagers Oerbke, 2010 • Stiftung niedersächsische Gedenkstätten/Dokumentationsstelle Celle

Opfern umgebettet, die meisten anderen in ihre Heimatländer überführt. Die Gräber der italienischen Militärinternierten befinden sich seitdem auf dem italienischen Ehrenfriedhof in Hamburg-Öjendorf.

Zwischen 1962 und 1965 ließ das Land Niedersachsen unter Beteiligung des Volksbundes Deutsche Kriegsgräberfürsorge den Friedhof landschaftlich umgestalten. Unter dem Motto „Versöhnung über den Gräbern" und „Miteinander arbeiten – nicht gegeneinander kämpfen" halfen internationale Jugendgruppen dabei mit.

1964 wurde das sowjetische Mahnmal abgetragen und durch ein Monument des Celler Künstlers Klaus Seelenmeyer ersetzt. Die Gräber wurden eingeebnet, mit einer Rasenfläche überdeckt und Grabsteine mit den Namen der bis dahin bekannten Toten aufgestellt. Gegenwärtig finden sich über 100 Grabsteine mit mehr als 900 Namen von französischen, jugoslawischen, polnischen, belgischen und sowjetischen Opfern.

1987 wurde der Haupteingang von der Nord- auf die Südseite verlegt. Ende der 1980er und zu Beginn der 1990er Jahre kamen Gedenksteine für die Opfer der verschiedenen Nationalitäten hinzu: ein russisch-orthodoxes Sandsteinkreuz sowie ein polnischer und ein französischer Gedenkstein.

Vom Lager Oerbke ist heute noch ein Gebäude enthalten. Darin befand sich eine Anlage zur Entlausung der Kleidung der Gefangenen. Der Bau ist im Besitz der Bundeswehr und wird als Depot genutzt. Das Lager Fallingbostel ist weitgehend überbaut.

Einweihung des sowjetischen Ehrenmals in Wietzendorf am 19. Dezember 1945. Vertreter britischer und sowjetischer Militärbehörden nahmen an der Zeremonie teil. • Staatsarchiv der Russischen Föderation (GARF), Moskau

Historische Orte

Kriegsgefangenenfriedhof Wietzendorf

Am Südrand des Truppenübungsplatzes Munster befindet sich der Friedhof mit den sowjetischen Opfern des Kriegsgefangenenlagers Wietzendorf. Er wurde 1941 im Zuge der Einrichtung des Lagers etwa 800 Meter nördlich davon angelegt.

Infolge des Massensterbens im Winter 1941/42 kamen allein bis zum Frühjahr 1942 in Wietzendorf rund 14 500 Soldaten der Roten Armee durch Unterernährung und Krankheiten um. Die Bestattung der Toten erfolgte auf die gleiche Weise wie in den Lagern Bergen-Belsen, Oerbke und Fallingbostel. In den ersten Monaten nach Einrichtung des Lagers gab es noch Einzelgräber, ab Oktober 1941 wurden Massengräber ausgehoben. Unter Aufsicht von Wehrmachtsoldaten transportierten Arbeitskommandos die Leichen auf Pferdefuhrwerken vom Lager zum Friedhof, schaufelten Gräber aus und bestatteten die Toten ohne Zeremonie. Der deutsche Offizier Heinz Dietrich Meyer beschrieb in seinen Aufzeichnungen am 27. Januar 1942 die Prozedur: „Und dann das Abladen! Die steifgefrorenen Körper, ausgemergelte Gerippe, polterten von oben herab. Krachend schlug ein Kopf auf Eis, und es ist ein Wunder, dass er beim Sturze dran blieb."

Einfache Holzkreuze auf den Gräbern gaben Auskunft über die Anzahl der Beerdigten je Grab. Bis 1943 wurden auf dem Friedhof insgesamt rund 16 000 sowjetische Gefangene begraben, unter ihnen auch einige zivile Zwangsarbeiter, die 1942/43 kurzzeitig im Lager Wietzendorf untergebracht waren.

Die Bestattung der sowjetischen Soldaten in Wietzendorf dokumentieren Fotografien des Wachpersonals 1941/42. • Privatbesitz

Der Friedhof und das sowjetische Ehrenmal, 2010 • Stiftung niedersächsische Gedenkstätten/Dokumentationsstelle Celle

Im September 1945 befand sich die 2,4 Hektar große Anlage mit ihren eingesunkenen Massengräbern und der von Heidekraut überwachsenen Fläche in einem verwahrlosten Zustand. Auf Anordnung der sowjetischen Militärmission wurden der Friedhof gestaltet und ein Ehrenmal errichtet. Die Einweihung fand am 19. Dezember 1945 statt.

Der am Rand des militärischen Sperrgebiets gelegene, schlecht erreichbare Friedhof geriet danach in Vergessenheit. Ende der 1960er Jahre befand er sich in einem sehr ungepflegten und verwilderten Zustand. Proteste ausländischer Besucher – sowjetischer Diplomaten und Angehöriger von Verstorbenen – sowie engagierter Bürger machten die Presse und die Behörden auf die Zustände aufmerksam.

Der Friedhof wurde 1968 instand gesetzt und umgestaltet. Seither überdeckt eine zusammenhängende Rasenfläche die Gräber, sodass diese heute nicht mehr zu erkennen sind. 1968 wurden auch dreizehn polnische und sechs sowjetische Tote aus dem Landkreis Gifhorn hierher umgebettet. Ihre Namen sind auf drei Grabsteinen festgehalten.

Die abgelegene Begräbnisstätte wurde 1990 unter Mithilfe internationaler Jugendgruppen durch einen zweiten Eingang und eine neue Zuwegung erschlossen, damit ein Besuch unabhängig vom Betrieb des Truppenübungsplatzes möglich ist.

Wie bei den Kriegsgefangenenfriedhöfen Bergen-Belsen und Oerbke können auch für den Friedhof Wietzendorf seit einigen Jahren die Namen der Toten ermittelt werden. Die von der Wehrmacht geführten Personalakten der Verstorbenen werden in einem Archiv bei Moskau verwahrt.

Vom Lager Wietzendorf selbst ist nichts mehr erhalten.

Blick in den Kasernenkomplex, 25. April 1945, Fotograf Sergeant Oakes, No. 5 British Army Film and Photographic Unit • Imperial War Museum, London, Photograph Archive, BU 4705

Historische Orte

Lager Hohne des Truppenübungsplatzes Bergen

Etwa zwei Kilometer von der Gedenkstätte entfernt befindet sich bei der Ortschaft Belsen ein großer Kasernenkomplex. Das Hohne-Camp beherbergt heute eine britische Garnison mit nahezu 3 000 Soldaten. Auch die Bundeswehrkommandantur unter anderem der Truppenübungsplätze Bergen und Munster hat hier ihren Sitz.

Dieser 1935 bis 1937 entstandene Komplex stand stets in engem Zusammenhang mit dem Kriegsgefangenen- und Konzentrationslager Bergen-Belsen sowie dem Displaced Persons Camp.

Bau des Kasernenkomplexes in den 1930er Jahren

Im Rahmen der nationalsozialistischen Kriegsvorbereitung richtete die Wehrmacht in den 1930er Jahren mehrere Truppenübungsplätze ein. Das größte Neubauprojekt dieser Art war der Truppenübungsplatz Bergen, der eine Fläche von über 280 Quadratkilometern umfasst. An seinem Ost- und Westrand begann ab 1935 der Bau von großen Truppenlagern. Jeweils 15 000 Soldaten sollten dort während ihrer Übungen stationiert werden. Die Kommandantur des Truppenübungsplatzes befand sich im Hauptlager Belsen. Dieses bestand aus 100 meist zweistöckigen Unterkunfts- und Wirtschaftsgebäuden, 50 Pferdestallungen, 40 Großgaragen, 25 Wohngebäuden für Offiziere, einem Lazarett mit 700 Betten sowie Depotanlagen, einem Offiziersheim, einem Kino und einem Scheibenhof, wo Ziele für den Schießbetrieb hergestellt

Das Gebäude der Kommandantur des Kriegsgefangenenlagers Bergen-Belsen im Kasernenkomplex, ca. 1942 • Privatbesitz

wurden. Außerdem waren ein Sportplatz und ein Schwimmbad vorhanden. Zu Verladezwecken wurde etwas nördlich von Belsen eine Rampenanlage mit einem eigenen Gleisanschluss für den Kasernenkomplex gebaut.

Kriegsgefangenenlager

Etwa 3 000 Arbeiter, die auf der Großbaustelle beschäftigt waren, wohnten in einer 1936 gebauten Barackensiedlung. Diese lag im Wald etwa zwei Kilometer südlich der Baustelle. 1940 nutzte die Wehrmacht den Ort erstmalig als Kriegsgefangenenlager und hielt dort Belgier und Franzosen gefangen. Ab 1941 schließlich legte man von hier ausgehend das Kriegsgefangenen-Mannschafts-Stammlager (Stalag) XI C (311) an.

Am Ort bestanden verschiedene Verwaltungseinrichtungen wie etwa die umfangreiche Gefangenenregistratur. Der Sitz der Lagerkommandantur und die Unterkünfte der Wachmannschaften befanden sich hingegen im nahe gelegenen Kasernenkomplex. Das Gebäude der Kommandantur existiert heute noch, es wurde aber inzwischen umgebaut. Ein benachbartes, ursprünglich baugleiches Haus ist im Originalzustand erhalten und steht seit 2003 unter Denkmalschutz.

Unterkunft für ein Kriegsgefangenen-Arbeitskommando

Von 1941 bis 1945 war in Pferdeställen am Rand des Kasernenkomplexes ein Arbeitskommando mit bis zu 850 sowjetischen Kriegsgefangenen einquartiert. Die Wehrmacht setzte die Gefangenen für Arbeiten auf dem Truppenübungsplatz und im Truppenlager ein, allerdings durften die Tätigkeiten die militärische Sicherheit nicht gefährden. Die Ställe sind heute nicht mehr vorhanden.

Der „Zelttheaterfriedhof" 2008 • Stiftung niedersächsische Gedenkstätten/Gedenkstätte Bergen-Belsen

Der Friedhof 1945 • Stiftung niedersächsische Gedenkstätten/Gedenkstätte Bergen-Belsen

Kasernenlager des Konzentrationslagers

Aufgrund der totalen Überfüllung des KZ Bergen-Belsen richtete die SS Anfang April 1945 im südlichen Bereich der Wehrmachtskaserne ein Nebenlager des KZ ein. In 30 Mannschafts- und Wirtschaftsgebäuden wurden etwa 15 000 Häftlinge untergebracht, die aus dem geräumten KZ Mittelbau-Dora und dessen Außenlagern kamen. Es handelte sich vor allem um polnische und sowjetische Häftlinge. Auch dieses Nebenlager war vollkommen überbelegt. Trotzdem herrschten nicht ganz so katastrophale Zustände wie im Hauptlager, sodass die Häftlinge nach der Befreiung insgesamt in einem etwas besseren körperlichen Zustand waren.

Kapo-Friedhof

Wenige Stunden nach der Befreiung des Lagers am 15. April 1945 und im Verlauf des folgenden Tages kam es im Nebenlager zu Lynchaktionen. Wütende Mithäftlinge erschlugen etwa 170 Männer, die schon im KZ Mittelbau-Dora als Funktionshäftlinge eingesetzt worden waren. Die Toten sind auf einem kleinen Friedhof nicht weit von den Gebäuden des Nebenlagers entfernt in einem Massengrab beerdigt.

Displaced Persons Camp

Nach der Befreiung des KZ Bergen-Belsen evakuierte die britische Armee innerhalb von vier Wochen etwa 29 000 Überlebende in den Kasernenkomplex und richtete unter Mithilfe von zivilen Hilfsorganisationen in verschiedenen Gebäuden Notlazarette ein.

Von 1945 bis 1950 war in Teilen der Kaserne das Displaced Persons Camp Bergen-Belsen untergebracht. Es war zeitweise das größte jüdische DP-Camp im Nachkriegsdeutschland.

Das Glyn-Hughes-Hospital. Die undatierte Aufnahme stammt aus der Fotosammlung des deutschen Arztes Dr. Alfred Gebert. Er arbeitete hier von 1945 bis 1950. • Stiftung niedersächsische Gedenkstätten/Gedenkstätte Bergen-Belsen

Friedhof Hohne („Zelttheaterfriedhof")

In dem provisorisch eingerichteten Nothospital starben noch Tausende Menschen an den Folgen ihrer KZ-Haft. Für sie wurde ein eigener Friedhof am Rand des Kasernenkomplexes angelegt. In der Nähe befand sich ein großes Zelt für Theateraufführungen, weshalb er „Zelttheaterfriedhof" genannt wurde. Bis Ende 1945 wurden hier etwa 4 500 jüdische und nichtjüdische Tote vieler Nationalitäten beerdigt. Bis 1950 diente der Ort auch als Begräbnisstätte für die verstorbenen Bewohner des jüdischen DP-Camps.

Die Anlage ist nicht mehr in ihrem ursprünglichen Zustand erhalten. Einige der Toten wurden auf andere Friedhöfe umgebettet und die Gräber aufgegeben. Viele der zumeist hölzernen Grabzeichen verfielen und wurden nicht ersetzt. Dennoch sind im Unterschied zu den Massengräbern auf dem ehemaligen KZ-Gelände die Grablagen vieler Toter bekannt.

Glyn-Hughes-Hospital

Im Sommer 1945 ging die Zahl der Patienten im Nothospital zurück. Die provisorischen Krankenstationen in den verschiedenen Gebäuden des Kasernenkomplexes konnten aufgegeben werden. Das ehemalige Wehrmachtslazarett im Kasernenbereich diente zur weiteren stationären Behandlung der Patienten. Es liegt etwa einen Kilometer entfernt von den übrigen Gebäuden. Im Januar 1948 erklärte die britische Militärregierung das Hospital zum zentralen jüdischen Krankenhaus für die britische Zone. Mit Unterstützung verschiedener Hilfsorganisationen wurde es vom Zentralkomitee der befreiten Juden in der britischen Zone betrieben.

In Anerkennung seiner Verdienste benannten die Überlebenden das Hospital nach dem britischen Sanitätsoffizier Brigadegeneral H. L. Glyn Hughes. Er war für die Organisation und Durchführung der ersten Rettungs- und Rehabilitierungs-

Das Roundhouse, 2006 • Foto Collin Albert

maßnahmen nach der Befreiung des KZ verantwortlich.

Das Krankenhaus verfügte über eine moderne Ausstattung mit einem Operationssaal, einer Abteilung für Zahnbehandlung sowie mehreren Fachabteilungen, etwa für Tuberkulose und andere Infektionskrankheiten. Dies entsprach den besonderen Erfordernissen der Patienten nach ihrer KZ-Haft. Auch eine gynäkologische Abteilung sowie eine Entbindungsstation wurden eingerichtet. Anfang Februar 1948 wurde hier die Geburt des tausendsten Kindes gefeiert.

Nach Auflösung des DP-Camps nutzte lange Zeit die britische Armee das Krankenhaus. Seit einigen Jahren steht es leer und verfällt. Für viele der Überlebenden und insbesondere für viele der dort Geborenen ist der Bau ein bedeutender Erinnerungsort.

Roundhouse

Im ehemaligen Offizierskasino der Wehrmacht – aufgrund seiner markanten Architektur von den britischen Armeeangehörigen Roundhouse genannt – wurden von April bis Sommer 1945 zunächst Patienten des Nothospitals versorgt. Die Festhalle und andere Räume des Gebäudes boten Platz für knapp 500 Betten.

Von Spätsommer 1945 bis zur Schließung des DP-Camps beherbergte das Gebäude die Geschäftsstelle des jüdischen Zentralkomitees. 1945 und 1947 tagten hier der erste und zweite Kongress der befreiten Juden in der britischen Zone. Das Gebäude diente auch als Versammlungsort der jüdischen und der polnischen Camp-Selbstverwaltung.

Im Roundhouse fanden außerdem viele kulturelle Veranstaltungen wie Kunstausstellungen, Konzerte und Vorträge statt. Im Festsaal wurden zahlreiche Hochzeiten gefeiert. Im Sommer 1946 eröffnete die

Die Rampe bei Belsen, 2008 • Stiftung niedersächsische Gedenkstätten/Gedenkstätte Bergen-Belsen

„Objekt Rampe Bergen-Belsen" an der Zufahrt zur Verladerampe, 2010 • Stiftung niedersächsische Gedenkstätten/ Gedenkstätte Bergen-Belsen

jüdische Camp-Leitung im großen Lesesaal des Gebäudes eine Bibliothek mit circa 5000 Büchern und vielen Zeitschriften. Aus ihr entwickelte sich ein System von mobilen Bibliotheken für die gesamte britische Zone.

Heute befindet sich im Roundhouse unter anderem ein Einkaufszentrum für die britischen Militärangehörigen.

Verladerampe in Belsen

Etwa zwei Kilometer nördlich des Haupteingangs zum Kasernenkomplex liegt die Güterverladerampe. Sie diente nicht immer nur der Beförderung von militärischem Gerät und Personal: Zwischen 1940 und 1945 kamen hier Zehntausende Kriegsgefangene und KZ-Häftlinge an. Von hier gingen ebenso unzählige Transporte in andere Lager ab.

Ein Teil der Bahnanlage steht seit dem Jahr 2000 auf Antrag der Arbeitsgemeinschaft Bergen-Belsen e.V. unter Denkmalschutz. Die AG gestaltete einen abgegrenzten Bereich nahe der Rampe mit dem Nachbau eines historischen Güterwaggons. Tafeln informieren über die Geschichte der Rampe und den Weg der Häftlinge in das etwa sechs Kilometer entfernte KZ Bergen-Belsen.

An der Zufahrt zur Verladerampe installierte im Oktober 2007 der Verein Rosebusch Verlassenschaften e.V. das von den Hannoveraner Künstlern Almut und Hans Jürgen Breuste geschaffene „Objekt Rampe Bergen-Belsen". Der 90 Tonnen schwere und fünf Meter hohe Stahltrichter, in dem Vierkantstangen mit eingestanzten Nummern liegen, weist den Weg zur Rampe.

Eingang zum Dokumentationszentrum, 2007 • Foto Klemens Ortmeyer

Dokumentationszentrum und Ausstellung

Im Oktober 2007 wurde das Dokumentationszentrum der Gedenkstätte Bergen-Belsen eröffnet. Hier werden alle bislang gesammelten und zukünftig noch hinzukommenden Dokumente, Fotos, Filme und Gegenstände über die Geschichte des Ortes verwahrt. Sie stehen der Forschungs- und Bildungsarbeit zur Verfügung. Ein Teil dieser historischen Quellen wird in einer Dauerausstellung präsentiert. Die Darstellung umfasst die Geschichte der Kriegsgefangenenlager in der Lüneburger Heide, des Konzentrationslagers Bergen-Belsen sowie des Displaced Persons Camps. Im Mittelpunkt stehen dabei das Schicksal der Kriegsgefangenen und KZ-Häftlinge sowie die Bemühungen der Überlebenden um einen Neubeginn nach der Verfolgung.

Gebäude

Der Standort des Dokumentationszentrums orientiert sich an der historischen Topografie. Das fast 200 Meter lange Gebäude liegt außerhalb des früheren Lagergeländes und folgt dem Verlauf einer alten Landstraße, die 1941 durch den Ausbau des Kriegsgefangenenlagers abgeschnitten wurde. Dort wo sich der Außenzaun des Lagers befand, ragt der Neubau einige Meter in das ehemalige Lagergelände hinein, ohne den Boden zu berühren.

Der zweigeschossige Betonbau ist im Erdgeschoss zweigeteilt. Ein „steinerner Weg" führt hindurch, auf dem die Besucher vom Vorplatz der Gedenkstätte zum Friedhof und historischen Lagerareal gelangen, ohne das Innere des Gebäudes zu betreten. Im vorderen Teil des Gebäudes

Wandfries mit Personalkarten und Registrierungsfotos im Ausstellungsteil zu den Kriegsgefangenenlagern, 2007 • Stiftung niedersächsische Gedenkstätten/Gedenkstätte Bergen-Belsen

befindet sich ebenerdig der Eingangsbereich mit zentraler Information, Buchladen und Cafeteria. In der oberen Etage sind das Archiv und die Bibliothek der Gedenkstätte untergebracht. Im hinteren Teil des Baus ist auf einer Fläche von rund 1500 Quadratmetern die Ausstellung zur Geschichte Bergen-Belsens zu sehen.

Die unterschiedlich großen und verschieden hohen Ausstellungsräume sind schlicht gehalten, der Fußboden steigt in Richtung des früheren Lagergeländes leicht an. Den einzigen Blick nach außen gewährt ein großes Panoramafenster am Ende des Baus. Hier ist der Bereich der Überlagerung mit dem ehemaligen Lagergelände. Der Ort des Geschehens wird somit Teil der Ausstellung.

Ausstellung

Die Dauerausstellung der Gedenkstätte Bergen-Belsen verzichtet auf eine Gesamtdarstellung der Geschichte nationalsozialistischer Verfolgung. Im Blickpunkt stehen die Kriegsgefangenenlager in der Lüneburger Heide 1940–1945, das Konzentrationslager Bergen-Belsen 1943–1945 und erstmals das Displaced Persons Camp Bergen-Belsen 1945–1950.

Die Geschichte des Ortes wird so weit wie möglich aus der Perspektive der Kriegsgefangenen, der KZ-Häftlinge und der Displaced Persons erzählt. Dies geschieht durch die präsentierten Tagebücher, Häftlingszeichnungen, Augenzeugenberichte und persönlichen Gegenstände, vor allem aber durch biografische und thematische Medienstationen mit Ausschnitten aus Zeitzeugeninterviews.

Die Erinnerungen der Überlebenden sind zugleich Gegenstücke zu den historischen Bildern, in denen der einzelne Mensch in der Masse der Toten nicht mehr zu erkennen ist. In den Interviewauszügen stehen die einzelne Lebensgeschichte und die subjektive Erfahrung im Mittelpunkt.

Die Halle mit dem Ausstellungsteil zur Geschichte des Konzentrationslagers, links die biografischen Medienstationen, in der Mitte die Bodenvitrinen, vorne rechts der Vertiefungsbereich, dahinter die quer stehenden Ausstellungswände, 2007 • Foto Klemens Ortmeyer

Blick in eine der Bodenvitrinen mit Resten des Außenzauns, 2007 • Stiftung niedersächsische Gedenkstätten/ Gedenkstätte Bergen-Belsen

Rundgang

Der Rundgang durch die Ausstellung beginnt mit einem „Prolog“. Hier berichten Zeitzeugen in Filmausschnitten über ihr Leben vor der Zeit im Konzentrationslager Bergen-Belsen oder in den Kriegsgefangenenlagern. Fotografien erinnern an Menschen, die die nationalsozialistische Verfolgung nicht überlebten.

Im anschließenden ersten Ausstellungsteil wird die Geschichte der Kriegsgefangenenlager in Bergen-Belsen, Wietzendorf, Oerbke und Fallingbostel dargestellt. Ein zentrales Thema ist das Schicksal der sowjetischen Kriegsgefangenen in den Jahren 1941/42. Eigene Abschnitte sind den italienischen Militärinternierten und den Soldatinnen und Offizieren der polnischen Heimatarmee gewidmet. Ein langes Wandfries zeigt zahlreiche Personalkarten und Registrierungsfotos von Kriegsgefangenen und Militärinternierten.

In der großen, zweigeschossigen Halle des Ausstellungsgebäudes wird die Geschichte des Konzentrationslagers erzählt. Über im Boden eingelassene Vitrinen, in denen Gegenstände liegen, die bei Freilegungen im früheren Lagerbereich gefunden wurden, führt der Weg zunächst zum Kopf des Gebäudes. Der Ausblick auf das Gelände der Gedenkstätte wird hier durch topografische Informationen mit der Geschichte des Ortes in Zusammenhang gebracht.

Der Weg führt zurück entlang der Ausstellungswände, auf denen die komplexe Geschichte des Konzentrationslagers als Austauschlager, Männerlager, Frauenlager, Auffang- und Sterbelager dargestellt wird. Die in den Tagen der Befreiung entstandene Foto- und Filmdokumentation der britischen Militärangehörigen stellt ein eigenes Kapitel dar. In einem „Filmturm“ werden Ausschnitte der historischen Aufnahmen gezeigt.

Ausstellungswände im Abschnitt zum Displaced Persons Camp, 2007 • Foto Klemens Ortmeyer

Ausstellungswand mit Zeichnungen von Häftlingen des Austauschlagers, 2007 • Foto Klemens Ortmeyer

Im Obergeschoss befindet sich der Ausstellungsteil zum Displaced Persons Camp von der Einrichtung des britischen Nothospitals bis zur Auflösung im Spätsommer 1950. Das Leben der polnischen und der jüdischen Displaced Persons wird in eigenen Abschnitten dokumentiert.

Ein weiterer Ausstellungsteil befasst sich mit der Strafverfolgung des Bergen-Belsener Lagerpersonals. Vorbei an einem „Raum der Namen" gelangen die Besucher schließlich zum „Epilog". Hier sind wiederum Ausschnitte aus Zeitzeugeninterviews zu sehen. Überlebende berichten von ihrem Weiterleben nach der Verfolgung.

Dokumente, Fotos, Filme, Exponate

Die Ausstellung setzt auf die Wirkung historischer Zeugnisse: Textdokumente, Erinnerungsberichte, Tagebücher, Zeichnungen, Fotos oder Gegenstände. Kurze Einführungstexte ordnen die Exponate in ihren historischen Zusammenhang ein. Die Dokumente und Exponate konnten durch umfangreiche Recherchen in internationalen Archiven und Museen in die Sammlung der Gedenkstätte aufgenommen werden. Als Ergebnis der langjährigen Kontakte mit den Überlebenden des Konzentrationslagers und der Kriegsgefangenenlager können weitere bedeutende Dokumente und Objekte präsentiert werden.

Fotos und Filme werden in der Ausstellung nicht zur bloßen Illustration eingesetzt, sondern als eigenständige historische Quellen präsentiert. Zum Beispiel werden die Fotografien der britischen Befreier im direkten Zusammenhang mit ihrer Entstehungsgeschichte und weiteren verfügbaren Informationen gezeigt. Fotografen und Aufnahmedatum sind aufgeführt, ebenso Auszüge aus den Notizen der Fotografen.

Der polnische Kriegsgefangene Karol Perłowski erhielt bei der Registrierung im Stalag XI B Fallingbostel eine Erkennungsmarke. Als Leihgabe ist sie in der Ausstellung zu sehen. • Leihgabe Karol Perłowski, Foto Reinhard Gottschalk

Thematische Medienstation im Ausstellungsteil zur Geschichte des Konzentrationslagers • Stiftung niedersächsische Gedenkstätten/Gedenkstätte Bergen-Belsen

Diese Form der Quellenpräsentation wurde auch für das historische Filmmaterial gewählt. Im Filmturm wird eine Auswahl von ungeschnittenen Filmaufnahmen aus den Tagen der Befreiung gezeigt. Die begleitenden Notizen der britischen Kameramänner sind zeitgleich auf einer weiteren Projektionsfläche zu sehen.

Zeitzeugeninterviews

Aus dem Bestand von über 350 lebensgeschichtlichen Interviews mit mehr als 1400 Stunden Material, entstanden 45 Filme, die in Medienstationen präsentiert werden. Die Erzählungen und individuellen Erinnerungen der Überlebenden und anderer Zeitzeugen begleiten die Besucher durch die gesamte Ausstellung.

Entlang der linken Gebäudewand befinden sich die freistehenden biografischen Medienstationen. Ihre Inhalte sind auf die jeweils gegenüberliegenden Ausstellungsbereiche abgestimmt. In Filmen über die „Wege nach Bergen-Belsen" beschreiben Überlebende konkrete Phasen und Orte der Verfolgung vor dem Transport in das Konzentrations- oder Kriegsgefangenenlager Bergen-Belsen. Die „Wege aus Bergen-Belsen" stehen im Ausstellungsteil zum DP-Camp im Mittelpunkt der biografischen Medienstationen. Hier schildern Überlebende, mit welchen Problemen der Neuanfang nach der Verfolgungszeit für sie verbunden war.

Die thematischen Medienstationen sind bis auf wenige Ausnahmen direkt in die Ausstellungsvitrinen integriert. In diesen filmischen Zusammenschnitten berichten verschiedene Zeitzeugen über ein bestimmtes Thema. Damit konkretisieren und personalisieren sie die Aspekte, die in der Ausstellung mit Texten, Exponaten und anderen Schrift- und Bildquellen präsentiert werden.

Vertiefungsbereich im Ausstellungsteil zur Geschichte des Displaced Persons Camps
• Foto Armin Teufel

Vertiefungsbereiche

In jedem der drei Ausstellungsteile zur Geschichte der Kriegsgefangenenlager, des Konzentrationslagers und des Displaced Persons Camps werden den Besuchern in einem eigenen Bereich vertiefende Informationen angeboten. Hier stehen Computerstationen und Leseordner mit Dokumenten und kommentierenden Texten bereit.

Im Ausstellungsteil über die Kriegsgefangenenlager wird beispielsweise über die Geschichte der aus verschiedenen Ländern stammenden Kriegsgefangenen und über weitere Kriegsgefangenenlager und Arbeitskommandos informiert. Im Vertiefungsbereich zum Konzentrationslager befinden sich unter anderem Informationen über die Verfolgungsgeschichte einzelner Häftlingsgruppen. Im Ausstellungsteil zum DP-Camp werden die Rückkehr in die Heimatländer und die Einwanderung jüdischer DPs in andere Länder thematisiert. In den drei Vertiefungsbereichen sind außerdem Biografien fast aller in der Ausstellung vorgestellten Personen einsehbar.

Sammlung persönlicher Fotos von Wanda Kopeć aus der Zeit vor ihrer Deportation. Wanda Kopeć, geboren 1922 in Warschau, starb im Frühjahr 1945 im KZ Bergen-Belsen. Ihre Freundin Marianna Sencerz nahm die Fotos an sich und übergab sie 2005 der Gedenkstätte Bergen-Belsen. • Schenkung Marianna Sencerz, Foto Reinhard Gottschalk

Dokumentation und Vermittlung

Abteilung „Forschung und Dokumentation"

Im Obergeschoss des Ausstellungsgebäudes befindet sich seit 2007 die Abteilung „Forschung und Dokumentation" der Gedenkstätte Bergen-Belsen. Sie verfügt über eine umfangreiche Sammlung an Informationen und historischen Quellen zur Geschichte des Ortes Bergen-Belsen. Dies ist das Ergebnis einer intensiven weltweiten Recherche- und Sammlungstätigkeit in Archiven, bei Institutionen und Privatpersonen, die auch künftig weiter betrieben wird.

In der Abteilung „Forschung und Dokumentation" arbeitet wissenschaftliches Personal aus den Fachrichtungen Archiv, Dokumentation, Bibliothekswesen und Geschichtswissenschaft. Zu den Hauptaufgaben des Teams gehören Recherche, Forschung und Dokumentation. Daneben betreut und berät das Team vielfach Gäste aus aller Welt bzw. bearbeitet deren Anfragen. Zu den Nutzergruppen gehören Überlebende und ihre Familien, Angehörige von Opfern, interessierte Einzelbesucher, Studenten, Regionalforscher, Historiker und Journalisten, andere Archive, Gedenkstätten und Museen. Die Abteilung „Forschung und Dokumentation" ist in vier Arbeitsbereiche unterteilt:

- Archiv und Dokumentation
- Bibliothek
- Namensverzeichnis der Häftlinge des Konzentrationslagers Bergen-Belsen
- Audiovisuelle Medien und Interviews mit Zeitzeugen

Titelseite des Tagebuchs von János Reisz. Der damals 11-Jährige führte von Dezember 1944 bis April 1945 im Austauschlager des KZ Bergen-Belsen heimlich Tagebuch. • Schenkung Jovan Rajs (vormals János Reisz)

Am 3. März 2004 übergab Jovan Rajs (links) in der Gedenkstätte Bergen-Belsen das Tagebuch. • Stiftung niedersächsische Gedenkstätten/Gedenkstätte Bergen-Belsen

Archiv und Dokumentation

Im Mittelpunkt der Sammlungstätigkeit steht die Geschichte des Ortes Bergen-Belsen: die Vorgeschichte der Lager, die Geschichte des Konzentrationslagers, des Displaced Persons Camps und der Gedenkstätte. Ein großer Teil der Sammlung zur Geschichte der Kriegsgefangenenlager in der Lüneburger Heide befindet sich zurzeit in der „Dokumentationsstelle Widerstand und Verfolgung 1933–1945 auf dem Gebiet des Landes Niedersachsen" der Stiftung niedersächsische Gedenkstätten in Celle.

Die Sammlung der Gedenkstätte Bergen-Belsen gliedert sich im Wesentlichen in die Bereiche Text, Audio, Video, Foto und Objekt. Die Textsammlung umfasst hauptsächlich schriftliche Augenzeugenberichte, Aktenkopien und das Pressearchiv. Die Audio- und Videosammlung besteht größtenteils aus Interviews mit Überlebenden und anderen Zeitzeugen. Das Fotoarchiv umfasst über 10000 Fotografien, wobei die bekannten Aufnahmen der britischen Befreier als Kopien aus dem Imperial War Museum in London vorliegen. Einen wesentlichen Bestandteil der Objektsammlung bilden historische Gegenstände und Dokumente mit persönlichem Bezug, beispielsweise Tagebücher, Ausweise und Kleidungsstücke ehemaliger Häftlinge. Ergänzt wird diese Sammlung durch Fundstücke vom Gelände des ehemaligen Lagers.

Der überwiegende Teil der Bestände ist nach Voranmeldung einsehbar. Eventuelle Nutzungsbeschränkungen hängen von den Auflagen der Rechteinhaber ab. Originale können nur in begründeten Ausnahmefällen eingesehen werden.

Bibliothek

Die Bibliothek ist der Abteilung „Forschung und Dokumentation" angeschlossen und befindet sich ebenfalls im Ober-

Die Bibliothek der Gedenkstätte im Obergeschoss des Dokumentationszentrums, 2008 • Stiftung niedersächsische Gedenkstätten/Gedenkstätte Bergen-Belsen

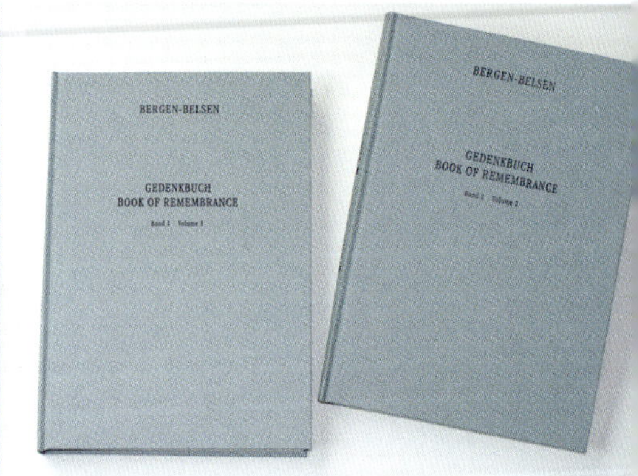

Das 2005 veröffentlichte Gedenkbuch mit den Namen von etwa 50 000 Häftlingen des KZ Bergen-Belsen • Stiftung niedersächsische Gedenkstätten/Gedenkstätte Bergen-Belsen

geschoss des Ausstellungsgebäudes. Hier stehen mehr als 8000 Publikationen zur Verfügung.

Titel mit direktem Bezug zu Bergen-Belsen sowie Bücher und Fachzeitschriften, die sich auf die Themen Nationalsozialismus, System der Konzentrationslager und Holocaust beziehen, bilden den Schwerpunkt. Die Bibliothek verfügt über einen Leseraum; eine Ausleihe ist nicht möglich. An den Arbeitsplätzen im Leseraum können an PC-Stationen vertiefende Informations- und Quellenangebote aus der Dauerausstellung genutzt werden.

Namensverzeichnis der Häftlinge des Konzentrationslagers Bergen-Belsen

Die Vernichtung der Lagerregistratur durch die SS kurz vor der Befreiung des KZ Bergen-Belsen hatte zur Folge, dass über Jahrzehnte hinweg nur wenige, unvollständige Angaben über die ehemaligen Häftlinge vorlagen. Anfang der 1990er Jahre begann die Gedenkstätte damit, systematisch und weltweit in Archiven und Gedenkstätten namensbezogene Quellen zu sammeln und die darin enthaltenen Informationen in einer computergestützten Datenbank zu verzeichnen. Seitdem sind im so genannten Namensverzeichnis der Häftlinge des Konzentrationslagers Bergen-Belsen Daten zu mehr als 50 000 Personen erfasst worden. Die vielfältige Unterstützung der Überlebenden hatte daran wesentlichen Anteil. Als Zwischenergebnis konnte 2005 ein Gedenkbuch mit den biografischen Grunddaten aller namentlich bekannten Häftlinge veröffentlicht werden.

Die Sammlung und Erfassung der Häftlingsdaten ist zugleich Grundlagenforschung zur Geschichte des KZ Bergen-Belsen und seiner Teillager, zur Einbindung Bergen-Belsens in das System der Konzentrationslager und zu den sozialen und nationalen Häftlingsgruppen. Das

Interview mit dem Zeitzeugen Joseph Ron während eines Besuches der Hohne-Kaserne, September 2009 • Stiftung niedersächsische Gedenkstätten/Gedenkstätte Bergen-Belsen

Der Zeitzeuge Moshe Nordheim vor der biografischen Medienstation in der Dauerausstellung, Oktober 2008 • Stiftung niedersächsische Gedenkstätten/Gedenkstätte Bergen-Belsen

computergestützte Namensverzeichnis ermöglicht Recherchen nach Personen, Verfolgtengruppen, Teillagern oder einzelnen Transporten. Darüber hinaus erfüllt es eine humanitäre Aufgabe: Es ermöglicht die Beantwortung zahlreicher namensbezogener Anfragen von Überlebenden oder von Angehörigen ehemaliger Häftlinge und trägt damit zur Schicksalsklärung bei.

Die meisten der insgesamt etwa 120 000 Häftlinge des KZ Bergen-Belsen sind bisher nicht namentlich bekannt. Auch künftig sind noch neue Quellenbestände zu erfassen.

Audiovisuelle Medien und Interviews mit Zeitzeugen

Seit fast zehn Jahren führt die Gedenkstätte Bergen-Belsen im Rahmen verschiedener Projekte Videointerviews mit Überlebenden des Konzentrations- und Kriegsgefangenenlagers, mit ehemaligen Bewohnern des DP-Camps sowie weiteren Zeitzeugen durch. Insgesamt sind bisher 370 lebensgeschichtliche Videointerviews mit mehr als 1600 Stunden Filmmaterial entstanden (Stand Dezember 2009).

Die Erinnerungen der Überlebenden und Zeitzeugen – ihr subjektives Erleben, ihre persönlichen Geschichten und ihr Einzelschicksal – waren Grundlage für die Medienstationen in der neuen Dauerausstellung und haben auch künftig eine große Bedeutung für die wissenschaftliche, pädagogische und museale Arbeit der Gedenkstätte.

Der Arbeitsbereich verfügt über ein eigenes Schnittstudio und eine eigene Medienproduktion. Hier werden audiovisuelle Materialien und Medienanwendungen konzipiert und realisiert, beispielsweise für den Einsatz in der Bildungsarbeit.

Führung über das Gelände der Gedenkstätte, 2009 • Stiftung niedersächsische Gedenkstätten/Gedenkstätte Bergen-Belsen

Pädagogisches Zentrum

Eine regelmäßige Besucherbegleitung durch die Gedenkstätte Bergen-Belsen besteht erst seit 1988. Zunächst boten zwei Lehrer zweistündige Führungen über Teile des ehemaligen Lagergeländes und durch die damalige Dauerausstellung an. Seitdem ist dieses Bildungsangebot mehrfach erweitert worden.

Unter den jährlich etwa 300 000 Besucherinnen und Besuchern der Gedenkstätte ist eine große Anzahl nationaler und internationaler Gruppen. Etwa 1 000 von ihnen werden durch Führungen begleitet, die Hälfte davon aus Schulen. Hinzu kommen Gruppen aus dem Bereich des Militärs, von Gewerkschaften, Kirchen, Bildungseinrichtungen und Parteien. Die Zahl der ausländischen Besuchergruppen ist in den letzten Jahren erheblich angestiegen. Bergen-Belsen entwickelt sich erkennbar zu einem internationalen Lernort, der zugleich fest in der regionalen und niedersächsischen Bildungslandschaft verankert ist.

Das Pädagogische Zentrum bietet eine Reihe verschiedener Veranstaltungsformen an.

Führungen

Im Zentrum der etwa vierstündigen Führungen stehen das ehemalige Lagergelände und die 2007 eröffnete Dauerausstellung im Dokumentationszentrum. Fester Bestandteil der Bildungsarbeit sind auch die historischen Orte außerhalb der ehemaligen Lagergrenze wie der Kriegsgefangenenfriedhof und die rund sechs Kilometer entfernte Verladerampe.

Recherche in der Bibliothek, 2010 • Stiftung niedersächsische Gedenkstätten/Gedenkstätte Bergen-Belsen

Teilnehmer einer Jugendbegegnung vor einer Medienstation, 2008 • Stiftung niedersächsische Gedenkstätten/Gedenkstätte Bergen-Belsen

Führungen werden für Gruppen ab zehn Personen in den Sprachen Deutsch, Englisch, Französisch, Niederländisch, Polnisch, Russisch und Spanisch angeboten.

Studientage

Neben den Standardführungen bietet das Pädagogische Zentrum vertiefende Sonderführungen und Studientage an. Derzeit sind unter anderem folgende Themen verfügbar:

- Anne Frank
- Kinder und Jugendliche im KZ Bergen-Belsen
- Frauen im KZ
- Sowjetische Kriegsgefangene
- Das KZ Bergen-Belsen im Spiegel von Häftlingszeichnungen
- Das Verhältnis der Bevölkerung zu Bergen-Belsen
- Sinti und Roma
- Vom Konzentrationslager zur Gedenkstätte Bergen-Belsen

Die sechsstündigen Studientage richten sich an Schülerinnen und Schüler der Klassen 9 bis 13, Referendarinnen und Referendare der pädagogischen Studien- und Ausbildungsseminare, Studierende, Teilnehmer von Veranstaltungen freier Träger sowie an Multiplikatorinnen und Multiplikatoren.

Das Angebot der Bildungsarbeit wird zielgruppenorientiert weiterentwickelt. Dabei werden neue biographiegeschichtliche sowie medien- und archivpädagogische Ansätze für das Lernen am historischen Ort nutzbar gemacht.

Seminare und Fortbildungen

Erweitert wird das Angebot des Pädagogischen Zentrums um ein- oder mehrtägige Seminare und Fortbildungsveranstaltungen. Sie richten sich an schulische und außerschulische Gruppen und ermöglichen eine nachhaltige Auseinandersetzung mit der Geschichte

Gruppe auf dem historischen Lagergelände, 2008 • Stiftung niedersächsische Gedenkstätten/Gedenkstätte Bergen-Belsen

Vertiefende Arbeit in der Ausstellung, 2008 • Stiftung niedersächsische Gedenkstätten/Gedenkstätte Bergen-Belsen

Bergen-Belsens und ihrer Bedeutung für die Gegenwart.

Für Partnerschaftsprojekte, Schulen und internationale Gruppen, die im Rahmen von Begegnungs- und Austauschprogrammen die Gedenkstätte besuchen, bietet die Gedenkstätte regelmäßig gemeinsam entwickelte Seminare an.

Das Pädagogische Zentrum führt zahlreiche Fortbildungen für Lehrkräfte durch. Durch enge Kontakte zu Studienseminaren werden Referendarinnen und Referendare fachlich mitbetreut.

Es bestehen zahlreiche Kontakte im Bereich der Gedenkstättenpädagogik zu in- und ausländischen Universitäten. Neben gemeinsamen Veranstaltungen in Bergen-Belsen werden studentische Arbeiten aus dem Lehramts- und Geschichtsstudium an niedersächsischen Hochschulen unterstützt sowie Vortragsveranstaltungen an Universitäten durchgeführt.

Projekte und Veranstaltungen

Von besonderer Bedeutung für die Bildungsarbeit in Bergen-Belsen sind über die Gedenkstätte hinausweisende Veranstaltungen und Projekte. Hierzu zählt unter anderem die Reihe „Zeitzeugen im Dialog", bei der sich Jugendliche in zahlreichen Einzelprojekten regional und niedersachsenweit auf umfassende Weise mit der Geschichte der NS-Verfolgung auseinandersetzen und mit Überlebenden über deren biografische Erfahrungen ins Gespräch kommen. Des Weiteren finden regelmäßige internationale Jugendbegegnungen zwischen Niederländern, Polen, Israelis und Deutschen statt. Das Pädagogische Zentrum begleitet zudem die Organisation von Gedenkfeiern und Sonderveranstaltungen.

Kooperationen und Partnerschaften

Zahlreiche Kooperationspartner unterstützen das Pädagogische Zentrum in sei-

Zeitzeugengespräch mit Anita Lasker-Wallfisch, 2008 • AG Jugendarbeit in Bergen-Belsen im Landesjugendring

ner Arbeit und tragen zu einer nachhaltigen Bildungsarbeit bei.

In Zusammenarbeit mit dem EU-Projekt „Entrechtung als Lebenserfahrung", das von der Stiftung niedersächsische Gedenkstätten durchgeführt wird, werden verschiedene Bildungsmodule entwickelt. Neu entwickelte Arbeitsmaterialien und Veranstaltungsformen sollen eine menschenrechtsreflektierte Gedenkstättenarbeit für Multiplikatoren und bildungsferne Jugendliche ermöglichen.

Darüber hinaus wird die behutsame wissenschaftliche und landschaftsgestalterische Erschließung des historischen Lagergeländes mit der Bildungsarbeit verknüpft. Gemeinsam mit dem Landesjugendring Niedersachsen, dem Landesverband des CVJM sowie verschiedenen kirchlichen, gewerkschaftlichen und schulischen Partnern finden wiederkehrende Veranstaltungen wie internationale Jugendworkcamps statt.

Zu mehreren Schulen in Niedersachsen bestehen enge Beziehungen durch zum Teil langjährige Patenschaftsprojekte und Begegnungen mit Überlebenden.

Bei der fachlichen Qualifizierung und im wissenschaftlichen wie praktischen Austausch profitiert die Gedenkstätte insbesondere von Tagungen und Workshops, die in enger Kooperation mit verschiedenen NS-Gedenkstätten in Niedersachsen, Europa, Israel und den Vereinigten Staaten stattfinden.

Aufgrund der 2009 aufgenommenen institutionellen Förderung des Bundes kann die historisch-politische Bildungsarbeit der Gedenkstätte Bergen-Belsen stetig weiter entwickelt werden. Über die jeweils aktuellen Bildungsangebote informieren die Website der Gedenkstätte sowie die Mitarbeiterinnen und Mitarbeiter des Pädagogischen Zentrums.

Literatur

Die Zahl der Veröffentlichungen zu Bergen-Belsen ist groß. Neben geschichtswissenschaftlichen Fachbüchern und Aufsätzen sind vor allem zahlreiche Erinnerungsberichte und Tagebücher von ehemaligen KZ-Häftlingen erschienen.

Die folgenden Titel können nur eine kleine Auswahl sein. Ausführliche und regelmäßig aktualisierte Literaturlisten sind auf der Website der Gedenkstätte zu finden (www.bergenbelsen.de).

Bergen-Belsen (allgemein)

Bergen-Belsen. Kriegsgefangenenlager 1940–1945, Konzentrationslager 1943–1945, Displaced Persons Camp 1945–1950, Katalog der Dauerausstellung, Göttingen: Wallstein, 2009.

Nicolas Büchse: Gedenkstätte Bergen-Belsen, Berlin: Stadtwandel, 2009.

Juliane Hummel: Die Topographie des Lagers Bergen-Belsen. Sechs Karten, Celle: Stiftung niedersächsische Gedenkstätten/Gedenkstätte Bergen-Belsen, 2008.

Steffen Meyer: Ein Kriegsgefangenen- und Konzentrationslager in seinem Umfeld: Bergen-Belsen von „außen" und von „innen" 1941–1950, Stuttgart: ibidem, 2003.

Kriegsgefangenenlager in der Lüneburger Heide

Rolf Keller: Bergen-Belsen, Altengrabow, Magdeburg. Sowjetische Kriegsgefangene im Wehrkreis XI, in: Rundbrief der landeseigenen Gedenkstätten in Sachsen-Anhalt (3/2004), S. 1–13.

Rolf Keller: „Russenlager". Sowjetische Kriegsgefangene in Bergen-Belsen, Fallingbostel-Oerbke und Wietzendorf, in: Hans-Heinrich Nolte (Hg.), „Der Mensch gegen den Menschen", Überlegungen und Forschungen zum deutschen Überfall auf die Sowjetunion 1941, Hannover: Fackelträger, 1992, S. 111–136.

Karl Liedke: Offiziere der Armia Krajowa (AK) aus dem Warschauer Aufstand im Stalag XI B Fallingbostel/Zweiglager Bergen-Belsen, in: Rolf Keller/Karl Liedke (Hg.): Kriegsgefangene der Wehrmacht 1939-1945. Forschung und Gedenkstättenarbeit in Deutschland und Polen, Hannover: Niedersächsische Landeszentrale für politische Bildung, 2004, S. 70–86.

Konzentrationslager Bergen-Belsen

Gedenkbuch. Häftlinge des Konzentrationslagers Bergen-Belsen, 2 Bände, Celle: Gedenkstätte Bergen-Belsen, 2005.

Eberhard Kolb: Bergen-Belsen. Vom „Aufenthaltslager" zum Konzentrationslager 1943–1945, Göttingen: Vandenhoeck & Ruprecht, 2002.

Konzentrationslager Bergen-Belsen. Berichte und Dokumente, Göttingen: Vandenhoeck & Ruprecht, 2002.

Thomas Rahe: Das Konzentrationslager Bergen-Belsen, in: Wolfgang Benz/Barbara Distel (Hg.), Der Ort des Terrors. Geschichte der nationalsozialistischen Konzentrationslager, Bd. 7, München: C.H. Beck, 2008, S. 187–220.

Joanne Reilly: Belsen. The Liberation of a Concentration Camp, London: Routledge, 1998.

Ben Shephard: After Daybreak: The Liberation of Belsen, 1945, London: Jonathan Cape, 2005.

Alexandra-Eileen Wenck: Zwischen Menschenhandel und „Endlösung“: Das Konzentrationslager Bergen-Belsen, Paderborn: Schöningh, 2000.

Displaced Persons Camp Bergen-Belsen

Angelika Königseder/Juliane Wetzel: Lebensmut im Wartesaal. Die jüdischen DPs (Displaced Persons) im Nachkriegsdeutschland, Frankfurt am Main: Fischer TB, 2005.

Hagit Lavsky: New Beginnings. Holocaust Survivors in Bergen-Belsen and the British Zone in Germany, 1945–1950, Detroit: Wayne State University Press, 2002.

Karl Liedke/Christian Römmer: Das polnische DP-Camp Bergen-Belsen, in: Beiträge zur Geschichte der nationalsozialistischen Verfolgung in Norddeutschland 12 (2010).

Nicola Schlichting: „Öffnet die Tore von Erez Israel“. Das jüdische DP-Camp Belsen 1945–1948, Nürnberg: Antogo, 2005.

Nachgeschichte

John Cramer: Farce oder Vorbild? Der erste Belsen-Prozess in Lüneburg 1945, in: Ulrich Fritz u.a. (Hg.), Tatort KZ. Neue Beiträge zur Geschichte der Konzentrationslager, Ulm: Klemm und Oelschläger, 2003, S. 201–219.

Rainer Schulze/Wilfried Wiedemann (Hg.): AugenZeugen. Fotos, Filme und Zeitzeugenberichte in der neuen Dauerausstellung der Gedenkstätte Bergen-Belsen, Hintergrund und Kontext, Celle: Stiftung niedersächsische Gedenkstätten, 2007.

Thomas Rahe: Die museale und mediale Darstellung der nationalsozialistischen Verfolgungsgeschichte in der Gedenkstätte Bergen-Belsen, in: Beiträge zur Geschichte der nationalsozialistischen Verfolgung in Norddeutschland 6 (2001), S. 82–96.

Martina Staats: Bergen-Belsen in der Erinnerungskultur der frühen Bundesrepublik Deutschland. Ein nationaler Erinnerungsort?, in: NS-Zwangslager in Westdeutschland, Frankreich und den Niederlanden. Geschichte und Erinnerung, hg. von Janine Doerry u.a., Paderborn: Schöningh, 2008, S. 179–192.

Wilfried Wiedemann: Bergen-Belsen. Von der Zerstörung und der Wiedergewinnung des Gedächtnisses, in: Joachim Perels (Hg.), Auschwitz in der deutschen Geschichte, Hannover: Offizin, 2010, S. 205–217.

Erinnerungen und Tagebücher

Zvi Asaria: Wir sind Zeugen, Hannover: Niedersächsische Landeszentrale für politische Bildung, 1975.

Anatol Chari: „Undermensch“. Mein Überleben durch Glück und Privilegien, mit Timothy Braatz, München: dtv, 2010.

Giuseppe Chiampo: Überleben mit Stift und Papier. Aus dem Tagebuch eines italienischen Militärinternierten im Zweiten Weltkrieg in Hilkerode/Eichsfeld, Göttingen: Schmerse, 2004.

Isabelle Choko: Meine Leben. Łódź – Auschwitz – Bergen-Belsen – Paris, Celle: Stiftung niedersächsische Gedenkstätten, 2008.

Tamurbek Dawletschin: Von Kasan nach Bergen-Belsen. Erinnerungen eines sowjetischen Kriegsgefangenen, Göttingen: Vandenhoeck & Ruprecht, 2005 (Bergen-Belsen Schriften).

Lucille Eichengreen: Von Asche zum Leben. Erinnerungen, Hamburg: Konkret-Literatur-Verlag, 2009.

Gibt es noch Hoffnung? Polnische Gedichte aus Bergen-Belsen, gesammelt und bearbeitet von Karl Liedke, Celle/Warschau: Stiftung niedersächsische Gedenkstätten/ Rat zum Schutz des Gedenkens an den Kampf und das Martyrium, 2007.

Abel J. Herzberg: Zweistromland. Tagebuch aus Bergen-Belsen, Wittingen: Erev-Rav, 2002.

Rudolf Küstermeier: Wie wir in Belsen lebten, in: Derrick Sington, Die Tore öffnen sich, Authentischer Bericht über das englische Hilfswerk in Belsen mit amtlichen Fotos und einem Rückblick, Hamburg: LIT, 2010.

Peter Lantos: Parallel Lines. A Journey From Childhood to Belsen, London: Arcadia Books, 2006.

Renata Laqueur: Bergen-Belsen Tagebuch 1944/1945, Hannover: Fackelträger, 1995.

Hanna Lévy-Hass: Tagebuch aus Bergen-Belsen 1944–1945, München: C.H. Beck, 2009.

Arne Moi: Das Lager. Ein Norweger in Bergen-Belsen, Göttingen: Vandenhoeck & Ruprecht, 2002 (Bergen-Belsen Schriften).

Heinrich Schönker: Ich war acht und wollte leben. Eine Kindheit in Zeiten der Shoah, Düsseldorf: Patmos, 2008.

Ceija Stojka: Träume ich, dass ich lebe? Befreit aus Bergen-Belsen, München: cbt, 2009.

Hetty E. Verolme: Wir Kinder von Bergen-Belsen, Weinheim/Basel: Beltz, 2005.

Loden Vogel: Tagebuch aus einem Lager, Göttingen: Vandenhoeck & Ruprecht, 2002 (Bergen-Belsen Schriften).

Besucherinformationen

Gedenkstätte Bergen-Belsen
Anne-Frank-Platz
29303 Lohheide

Telefonzentrale und allgemeine Auskünfte:
Tel.: +49 (0) 5051 – 47 59-200
Fax: +49 (0) 5051 – 47 59-118
information@stiftung-ng.de
www.bergenbelsen.de

Die Ausstellung ist täglich geöffnet.
April bis September: 10 – 18 Uhr
Oktober bis März: 10 – 17 Uhr
außer 24., 25., 26., 31.12. und 1.1.
Der Friedhof und das ehemalige Lagergelände können jederzeit besucht werden.
Der Eintritt ist frei.

Alle öffentlichen Bereiche des Dokumentationszentrums sind barrierefrei zu erreichen. Rollstühle können bei der Information ausgeliehen werden.

Film- und Fotoaufnahmen sind mit Einschränkungen möglich. Die Mitnahme von Hunden ist nicht gestattet.

Der Friedhof und das historische Lagerareal der Gedenkstätte Bergen-Belsen stehen unter dem Schutz des Gesetzes über die Erhaltung der Gräber der Opfer von Krieg und Gewaltherrschaft. Die Verantwortung über Pflege, Instandhaltung und Gestaltung obliegt der Stiftung niedersächsische Gedenkstätten.

Träger der Gedenkstätte:
Stiftung niedersächsische Gedenkstätten
Im Güldenen Winkel 8
29223 Celle
Tel.: +49 (0) 5141 – 933550
www.stiftung-ng.de

Führungen und Studientage:
Für Gruppen ab zehn Personen werden Führungen in Deutsch, Englisch, Französisch, Niederländisch, Polnisch, Russisch oder Spanisch angeboten.
Dauer: 3 – 4 Stunden

Für Gruppen veranstaltet das Pädagogische Zentrum Studientage. Hier besteht die Möglichkeit, sich intensiv mit einem Aspekt der Geschichte der Lager zu beschäftigen. Das Themenangebot ist der Website der Gedenkstätte zu entnehmen.
Dauer: etwa 6 Stunden

Anfragen und Anmeldung:
Tel.: +49 (0) 5051 – 47 59-112, 9 – 12 Uhr
besucheranmeldung@stiftung-ng.de

Aufgrund der hohen Nachfrage und um inhaltliche und organisatorische Fragen abzusprechen, empfiehlt sich eine frühzeitige Anmeldung. Der Kontakt zur Besucherbetreuung wird bei der Anmeldung vermittelt.

Für die Übernachtung von Gruppen besteht ein Kooperationsvertrag mit dem
Anne-Frank-Haus
Schulstraße 5
29313 Hambühren-Oldau
Tel.: +49 (0) 5143 – 16 24
Fax: +49 (0) 5143 – 23 33
cvjm.lvh@t-online.de
www.cvjm-landesverband-hannover.de

Hohne-Camp (Kaserne) und Verladerampe Belsen
Der Kasernenkomplex ist militärischer Sicherheitsbereich und nicht frei zugänglich. Die Verladerampe in Belsen ist in Betrieb der Bundeswehr. Das Betreten der Anlage ist nicht möglich, Fotografieren ist nicht erlaubt. Der Gedenkbereich mit dem Güterwaggon kann aber über einen unbefestigten Fußweg (etwa 500 Meter) erreicht werden.

Kriegsgefangenenfriedhöfe Bergen-Belsen (Hörsten), Oerbke und Wietzendorf sowie der Friedhof Hohne („Zelttheaterfriedhof")
Die Friedhöfe Bergen-Belsen (Hörsten), Oerbke und Wietzendorf sind jederzeit zugänglich. Der Friedhof Hohne liegt im militärischen Sicherheitsbereich. Ein Besuch ist in besonderen Fällen nach vorheriger Absprache möglich. Die Gedenkstätte vermittelt den Kontakt.
Die Friedhöfe stehen unter dem Schutz des Gesetzes über die Erhaltung der Gräber der Opfer von Krieg und Gewaltherrschaft. Pflege und Instandsetzung der Begräbnisstätten werden von der Regierungsvertretung Lüneburg wahrgenommen.

Kontakt:
Niedersächsisches Ministerium für Inneres, Sport und Integration
Regierungsvertretung Lüneburg
– RV LG 2.05 –
Postfach 20 60
21310 Lüneburg
Tel.: +49 (0) 4131 – 15-1341
Eckehard.Schwartz@rv-lg.niedersachsen.de

Kontakt vor Ort in Wietzendorf:
Bürgermeister Uwe Wrieden
Hauptstraße 12
20649 Wietzendorf
Tel.: +49 (0) 5196 – 978-0
Fax: +49 (0) 5196 – 978-100
gemeinde@wietzendorf.de
www.wietzendorf.de
Nach vorheriger Terminabsprache wird eine Führung angeboten: Bahnhof, Alter Friedhof, ehemaliges Gelände des Kriegsgefangenenlagers Wietzendorf, sowjetischer Kriegsgefangenenfriedhof, kleines Museum im Peetshof mit Lagermodell.

Kontakt vor Ort in Oerbke:
Andreas Ege
Bezirksvorsteher
Gemeindefreier Bezirk Osterheide
Gillweg 7
29683 Oerbke
Tel.: +49 (0) 5162 – 9602-10
Fax: +49 (0) 5162 – 9602-12
Im Verwaltungsgebäude Gillweg 7 kann eine kleine Ausstellung zum Kriegsgefangenenlager besichtigt werden. Außerdem kann der Friedhof für Displaced Persons im Hartemer Weg besucht werden.

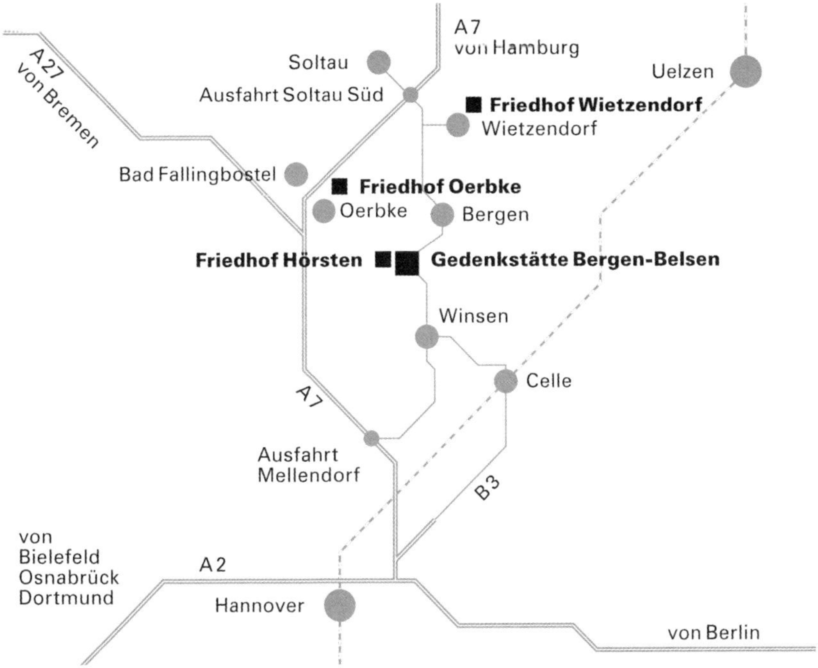

Gedenkstätte Bergen-Belsen
Ausschilderungen ab der Autobahn A7.
Von Norden: Abfahrt Soltau-Süd
Von Süden: Abfahrt Mellendorf

Busverkehr werktags und samstags zwischen dem Bahnhof Celle und der Gedenkstätte Bergen-Belsen. Nähere Informationen über CeBus GmbH & Co. KG (www.cebus-celle.de). Haltestelle: „Belsen Gedenkstätte"

Kriegsgefangenenfriedhof Bergen-Belsen (Friedhof Hörsten)
Der Friedhof kann von der Gedenkstätte zu Fuß über den Truppenübungsplatz (ab dem Dokumentationszentrum etwa 15 Minuten Laufzeit) oder mit dem PKW (etwa 6 km) über die Panzerringstraße erreicht werden. Der Friedhof ist ausgeschildert.

Kriegsgefangenenfriedhof Oerbke
Die Zufahrt ist ab Stadtmitte Bad Fallingbostel und in Oerbke ausgeschildert.

Kriegsgefangenenfriedhof Wietzendorf
In Wietzendorf Ortsmitte Richtung Meinholz fahrend, ist der Friedhof ab dem Ortsausgang Wietzendorf ausgeschildert. Der Weg vom Parkplatz zum Friedhof (etwa 300 m) ist unbefestigt.

Impressum

Herausgeber
Stiftung niedersächsische Gedenkstätten/ Gedenkstätte Bergen-Belsen, Celle 2010

Projektleitung
Habbo Knoch

Redaktion und Projektmanagement
Christian Römmer

Autorinnen und Autoren
John Cramer, Diana Gring, Bernd Horstmann, Juliane Hummel, Rolf Keller, Habbo Knoch, Thomas Rahe, Christian Römmer, Carola Rudnick, Martina Staats, Klaus Tätzler

Mitarbeit
Andrea Baumert, Marlis Buchholz, Marc Ellinghaus, Monika Gödecke, Karl Liedke, Martina Mennerich, Silke Petry, Katja Seybold, Karin Theilen

Grafische Gestaltung
BOROS, Wuppertal/Berlin, Svenja Richter

Druck
Carl Küster Druckerei GmbH, Hannover

Karten
Grafik: Weidner Händle, Stuttgart
Grundlagen: Juliane Hummel, Hannover

Titelfoto
Dokumentationszentrum der Gedenkstätte Bergen-Belsen, 2009
BOROS, Wuppertal/Berlin, Svenja Richter

ISBN 978-3-9811617-8-6

Nachweise der verwendeten Zitate
S. 52: Josef Weiss: Erinnerung. Amsterdam 1945, S. 3. Stiftung niedersächsische Gedenkstätten/ Gedenkstätte Bergen-Belsen, BT 1070 (Kopie).
S. 53: Arne Moi: Das Lager. Ein Norweger in Bergen-Belsen, Göttingen 2002, S. 19.
S. 58: Bundesarchiv-Militärarchiv, Freiburg. BA/MA RH 48/81.

Konzept und Gliederung der Broschüre wurden in einem 2008 vom Bund (Staatsbeauftragter für Kultur und Medien) geförderten Projekt erarbeitet.